稲川会理事長補佐
碑文谷一家十二代目総長

熊谷正敏
稼業

頭角の哲学

向谷匡史
Tadashi Mukaidani

青志社

熊谷正敏
稼業
頭角の哲学

向谷匡史

プロローグ

カンヌのレッドカーペットを踏んだ男

二〇一七年四月中旬のことだった。

「稲川会の幹部に会ってみませんか?」

社会の表裏に通じた友人から携帯に電話がかかってきた。私は「ヤクザ式」と冠した実戦心理術のハウツー本を少なからず書いている。その参考になるのではないか、という友人の配慮だった。

「どなたですか?」

「碑文谷一家十一代目の熊谷総長です」

「カンヌの?」

「そうです」

熊谷正敏《くまがいまさとし》――。

二〇〇七年のカンヌ国際映画祭で特別招待上映されたフランス映画『YOUNG YAKUZA』の主人公である。

この作品はヤクザの日常を描いたドキュメンタリーで、監督はフランスのジャン・ピエール・リモザン氏。当時、熊谷総長は熊谷組組長にして十代目碑文谷一家執行部を務め、「赤絨毯《レッドカーペット》を踏んだ初めての現役ヤクザ」として国内外のメディアで話題になった。日本の映画会社二社が配給に意欲を示したものの、反社会勢力として法的規制が強化される時代状況にあって断念したとも聞いていた。

「熊谷正敏」の名前はずいぶん昔から耳にしている。三十二歳で稲川会専務理事、三十九歳で稲川会直参という稲川会最年少記録ホルダーとして将来を嘱望されていた。

ところが、二〇〇六年の稲川会四代目継承問題に絡んで降格処分を受け、雌伏《しふく》の六年を経て五代目清田次郎会長の下で再び直参に返り咲くと、二〇一八年四月、稲川会理事長補佐として執行部入りする。

若くして旭日《きょくじつ》の勢いで頭角を現し、失墜し、雌伏の時期にカンヌのレッドカーペットを踏み、そしていま稲川会を支える執行部のメンバーとして重きをなしている――。私が友人から電話をもらったとき、熊谷総長について知っているのはその程度だった。

ビジネスとしてのヤクザ社会

品川区大井町にある碑文谷一家事務所を訪ねると四階の総長室に通され、熊谷総長は立ったまま迎えた。グレーのスーツに白いワイシャツ、同系色の無地のネクタイ。長身を折るようにして挨拶を返し、

「さっ、どうぞ」

機敏な仕草と丁重な言葉でソファを勧めた。

年齢は五十六歳と聞いていた。

(商社マンみたいだな)

それが第一印象だった。

雑談が続くなかで、暴対法、暴排条例によって「ヤクザ冬の時代」といわれる現代をどう見ているか問いかけてみた。

「厳しいですね。これは確かです」

と言ってから、

「しかし〝冬の時代〟になったことによって、これまでの旧態依然とした組織運営にあぐらを

かいたままの組は淘汰されていきます。実際、消滅していく組も少なくないし、ヤクザとしてやっていけなくなる人間も多い。言い換えれば、表面を覆っていた錆《さび》が剥がれ落ちて地金《じがね》が現れてきたということになるのでしょう。問われるのは時代ではなく、トップとしてどう処するか。自分自身の生き方ではないでしょうか」

この言葉には驚いた。現状を「当局とヤクザ」という二元論でなく、「問われるのは自分の生き方である」と一元論で思考するヤクザにこれまで会ったことがなかったからだ。

ある関東の組長は〝冬の時代〟について、こんな言い方をした。

「これ以上、あたしらを締めつけると地下に潜るしかないね。それが国にとっていいことなのかどうか、いっぺん考えてみる必要があるんじゃないか」

あるいは関西ヤクザは、

「わしらに人権はないんか！」

と吐き捨てて見せた。

ところが熊谷総長は、時代を批判するわけでも嘆くわけでもない。いま在《あ》る現状を引き寄せ、自分の処し方としてとらえるリアリストであった。

週刊誌記者から作家に転じた私は、これまで世評に高い多くの経営トップたちに取材してきた。誰もが夢を語り、それを実現するためのビジョンを披露し、そして最後は、そこに到るために越えなければならないハードルを明示する。彼らの描くビジョンに甘さは微塵もなく、徹底したリアリストだった。

熊谷総長にそれと同じ資質を見た。社会の表裏という真逆の立場にありながら、経営トップもヤクザ組長も、組織の統括者であるということにおいて共通する。順風にあるときは帆をどう張るのか、逆風や悪天候に見舞われたときはどう操船するのか。さらに言えば、経営トップといえどもスタートは一兵卒であり、絶壁に爪を立ててよじ登って現在の地位を得た。ヤクザ社会で頭角を現すのもそれと同じで、ヤクザとビジネスマンは社会的立場が異なるだけであって、トップから一兵卒まで相似形をなしていることがわかる。

こうして総長のインタビューが始まった

何度か事務所を訪ねた。

毎回、二時間近く話し込んだ。仕事に対する考え方から始まって組織論、リーダー論、人間関係術、人生論、矛盾、不条理、縁といった諸々について、熊谷総長は自身の経験を踏まえながら自説を述べ、私もまた思うところを口にする。

稲川会四代目継承問題で降格され、不遇の時代を過ごしたころを振り返って、こんな言い方をする。

「冷や飯は目の前に出されていましたが、私はそれを食べたわけじゃない。腹は減ってはいても、冷や飯に箸はつけなかった」

人生は蹉跌《さてつ》と二人三脚だ。仕事で失敗することもあれば、派閥の力学や人間関係でつまずくこともある。大切なのは、転ばないことではなく、転んだあとをどうするか、ということになるだろうか。

初めて事務所を訪ねてから一年が過ぎるころ、熊谷総長の半生と、そこに込められたメッセージは必ずやビジネスマンの生き方に資するにちがいないと確信するようになった。だが、熊谷総長は稲川会理事長補佐という執行部の一人だ。引退したヤクザが語る書籍は多いが、現役総長のそれはない。

「少し時間をください」

と言った。

返事は、それから二週間ほどしてもらった。

「やりましょう。現役として本に書かれるのはデメリットが多い。しかし、デメリットになるということは、私の器量がそれだけのものであったということでもあります」

こうして正式に取材は始まった。打ち合わせを入れて十四回、三十時間以上にわたって話を聞いた。

ヤクザになろうと思って生まれてきたわけではない。縁という曲折を経てヤクザになった。背中に刺青を入れたとき母親は泣いた。

それから四十年。命を的に渾身の努力で稼業の世界を駆け抜けてきた。

その足跡と人生観は、必ずや経営トップ、ビジネスマンの〝頭角の哲学〟となる、ものと筆者は確信した。

向谷匡史

装幀・本文デザイン――――岩瀬 聡

熊谷正敏

稼業

頭角の哲学

目次

第一章　運命を受け入れる

第二章　美学のルーツ

第三章 内なる価値観

第四章 「公《こう》」と「私《し》」の狭間

第五章　魂を持つ

第六章　分《ぶん》を知る

文中敬称略

第一章

運命を受け入れる

フランスからのジャーナリスト

偶然の出会いを「縁《えん》」として肯定的に受けとめるなら、すべての出会いは現在の自分が在《あ》るための必然であったと納得する。

だから意に染まぬ結果であろうとも、現実を受け入れ、足がかりにし、より高みを目指してよじ登っていこうとする。これをプラス思考と呼ぶか、現実を直視するための手立てと呼ぶかは人それぞれとしても、リアリストの熊谷正敏は出会いの是非をいっさい問わず、すべてを縁のものとして甘受する。

「生きて行く中で、人生のターニングポイントは誰だってあるでしょう。忸怩《じくじ》たる思いもあれば、幸運に恵まれた自分に頬がゆるむこともある。ヤクザだって、それは同じです。だけど振り返って見ると、自分の意志で人生を選びとっているように見えて、実は〝必然の縁〟にしたがって人に出会い、曲折を経て今の自分にたどり着いているのではないか。来《こ》し方《かた》を振り返ってみて、そう思うことがあるんです」

熊谷は気負うことなく、そんな言い方をする。

『人生、塞翁《さいおう》が馬』という故事を持ち出すまでもなく、何が良くて何が悪かったのかは棺《ひつぎ》を覆うまで定まることはない。だが、そうとわかっていても、その時々の損得勘定で会う人を選別しようとするが、熊谷はそんなソロバン勘定は無意味だとする。人に会うというのは、鏡のような湖面に小石を放るのと同じで、人生に細波《さざなみ》を起こし、その細波がこれからの人生に起伏をつけていくことを経験則で熟知しているからだろう。

現役のヤクザ組長がマオカラーの礼服を着てカンヌ映画祭のレッドカーペットを踏むという前代未聞の出来事は、二〇〇一年初秋、フランスから来日した一人のフランス人ジャーナリストとの出会いで幕を開ける。

夕刻のことだった。

――会って欲しい人間がいるんですが。

組事務所にいた熊谷に、マスコミ関係の知人から電話がかかってきた。

「相手はどなたですか?」

――フランス人なんです。ジャーナリスト。ヤクザの取材に日本に来ているんですが、彼にぜひ熊谷さんを紹介したいんです。

「インタビューですか?」

――いえ、お茶でもご一緒できないかと思いまして。

「わかりました」

取材でもなく、会ったところで益がないとなれば多忙を理由に断ってもいいのだろうが、知人の顔を立て、多くを問うことなく快諾する。翌日の午後三時、都心にあるホテルのティールームで会うことになった。

当時、熊谷は稲川会碑文谷一家熊谷組長にして、碑文谷一家の執行部を務めていた。対外的な折衝、さらに抗争が起これば陣頭指揮に立つ組織の要である。一方、貸元として、碑文谷一家の縄張りの一つである品川区武蔵小山を預かり、三代目稲川会・稲川裕紘会長の信頼を得て出世階段を駆け上がっていた。一九九五年、三十二歳で専務理事、フランス人ジャーナリストと会う前年には、三十九歳で稲川会直参に抜擢されている。ともに稲川会において最年少記録であり、とりわけ三十代の直参誕生は異例としてヤクザ社会は瞠目した。身長百八十一センチ、体重七十二キロ。長身のスリムな身体をダークスーツに包んだ精悍な姿は、ヤクザ社会に新しい時代の到来を予感させた。

マスコミ関係の知人が、フランス人ジャーナリストに熊谷を会わせようとしたのは、日本ヤクザのそんな一面を見せたいという思いがあったのかもしれない。熊谷は海外によく出かけており、多くの友人がいる。外国人と会って、そつのない応対をしてくれるという信頼感もあったのだろう。

ヤクザとマフィアの違い

フランス人ジャーナリストは若い女性通訳を伴っていた。アシル・クロード（仮名）と名乗った。紹介者の知人をまじえて四人でテーブルを囲み、熊谷の秘書は少し離れたテーブルに端座して待機する。秘書も熊谷同様、ダークスーツに白いワイシャツ、無地のネクタイを隙なく締めている。油断のない目配りに気づかなければ、一見して有能なビジネスマンに見えるだろう。熊谷組はそういう組織だった。

クロード記者は熊谷と同世代という気安さもあってか、小太りの身体を前のめりにしながらフランクな態度で語りかけてきた。

「ムッシュ・クマガイ、『ミッション・バラバ』をご存じですか？」

「はい。去年公開された『親分はイエス様』という映画のモデルですね。ミッション・バラバは元稼業の人たちが結成したキリスト教の伝道団体で、いま海外でも話題になっている。たしかバラバというのは新約聖書に登場するユダヤ人の囚人で、イエスの代わりに恩赦を受け釈放された人ですね」

「よくご存じですね。そんな話題性もあって、いまフランスでも日本のヤクザに関心が高まっています。イタリアを発祥とするマフィア、フランスではコルシカ島で生まれたユニオン・コルスという犯罪組織がありますが、日本のヤクザはそれらとどう違うのか。文化という視点から今回は取材にやって来たのです」

ヤクザを文化という視点からとらえるという発想に、熊谷は感心した。これまでヤクザを扱う雑誌のインタビューは何度も受けてきたし、編集者やライターに知人もいるが、文化というとらえ方をする者はいなかった。浪曲に謳われた昔からヤクザは勧善懲悪の英雄として描くものであって、文化という言葉を持ち出して理屈をこねたのでは雑誌も本も売れないのだろう。さすがフランスは伝統を重んじる文化の国だと、お国柄の違いに興味を惹かれながら、熊谷が口を開いた。

「日本ヤクザの文化的な特徴は任侠道と、盃をかわすことによる親分と子分の疑似親子関係です」

通訳が翻訳して伝えるのを待って、

「任侠とは仁義を重んじることですが、ひらたく言うと男気《おとこぎ》のことです。理不尽なことや筋が通らないことに対しては身体を張って立ち向かっていく。〝火中の栗〟を拾う覚悟と言ってもいいでしょう。こう言うと、きれいごとに聞こえるかもしれません。実際、非合法ビジネスに手を出す者も少なくない。しかし、その根底には任侠道があり、そこに自分たちの存在意義《レゾンデートル》を見いだしている。矜持《プライド》と言ってもいいでしょう。ここが他国の犯罪組織と異なるところだと思います」

「なるほど、プライドですか。ヤクザが親分子分の盃をかわす厳粛なシーンは、私も映画で何度も見ていますので、そのことは理解できます。しかし、マフィアにも同じような儀式があります」

「『血の掟』ですね」

「はい。メンバーになるための誓いです。互いの親指に針を刺して血を出し、それを重ねて血を交わらせる」

「いかなることがあろうとも組織の秘密を守れ。そういう意味の儀式でしたね」

「秘密を漏らしたら殺されます」

「ヤクザの盃はそれとはニュアンスが異なります。盃というのは、子分が親分に無条件でしたがうという儀式ですが、誓ったからしたがう、誓ったから組織の秘密を守るというのではなく、みずからの意志で親分にしたがう、みずからの意志で組の秘密を守る、みずからの意志で盃に殉じるところにヤクザの美意識がある」

「盃は精神性の問題であって、ルールではないと言うわけですね」

「そうです」

「しかし日本のヤクザ社会では、親分が黒いものでも白と言えば、それは白いものになると言われます」

「よく取材してらっしゃいますね。しかし〝カラスを白だ〟と言った親分がいたら、その時点で親分失格だと私は思っています。誰が何と言おうと、カラスは黒いんですよ。黒いものは黒い。盃をかわしたから若い衆に対して何をしてもいい、何を言ってもいいと考えるのは、親分という座布団にあぐらをかくこと。それでは親分として失格です。自分の処し方、自分の考え方、自分の言葉で若い衆を納得させて初めて親分と言える」

「それはヤクザ社会の一般的な考え方ですか?」

「一般的かどうかは知りませんが、私はそう思っています。これは会社でも同じじゃないですか? トップはその地位でなく、能力と人格で社員に尊敬されるものです」

四十歳の組長が語る言葉としては、いささか老成しているようにも聞こえるが、これは日の出の勢いにある自信が言わせたものだろう。

盃を楯にとって若い衆に絶対服従を強いるのは、水戸黄門が葵の御紋をつきつけるのと同じだと熊谷は補足しようとしたが、フランス人に黄門のことがわかるだろうか思い直し、言葉を飲んだ。

こんな会話が続くうち、クロード記者はこれまで抱いていたヤクザ観が変わってきたようだ。熊谷という若き組長にも興味を持ったのだろう。

「ムッシュ・クマガイ、私は日本にはあと十日間ほど滞在して刑務所なども取材しますが、できればもう一度会ってお話をお聞きしたいのですが」

「それはかまいませんが」

熊谷は知人に目をやってから、

「私はたいした話はできませんよ。ヤクザ社会について話を聞くなら他に適任の方がたくさんいらっしゃいます。私と同じ稲川会でもいいし、代紋違い（他組織）でもいいし、ご希望でしたらレベルの高い人を紹介します。そういう人にスポットライトを当てて記事にされたらどうですか」

やんわりと断ったが、「いえ、今日のようなお話でいいのです」と食い下がられ、やむなく明後日、同じ時間にここで会うことになった。

裏社会は表社会の影のようなもの

日本経済のバブルが崩壊するのは一九九〇年のことだ。この年の三月、大蔵省銀行局の通達「土地関連融資の抑制」（総量規制）と、日本銀行による急激な金融引き締めによってバブルは一気に弾け、日本は不況の長いトンネルに入っていく。ヤクザ社会も表経済に連動して冬の時代を迎えることになるが、沈みゆく西陽の強烈な日差しに似て、第一線のヤクザたちに危機意識は希薄で、意気軒昂であった。暴力団対策法（暴対法）の施行がバブル崩壊以後の一九九二年四月であることを考えれば、当局がいかにヤクザたちの活動に業を煮やしていたかがわかるだろう。

暴対法により稲川会、住吉会、山口組など二十二の組織が指定暴力団に認定され、取り締まり強化によって構成員の数も抗争事件も減少した。だがそれは熊谷が言うように、覚悟に劣るヤクザと組織が消滅したに過ぎず、ヤクザ社会の一時的な淘汰が進んだ結果と言っていいだろう。

ヤクザが本気で危機意識をいだくようになるのは、暴力団排除条例（暴排条例）の制定だった。同条例の特徴は一般市民にも網をかけたことで、ヤクザ組織と密接交際が認定されれば社会的不利益を蒙《こうむ》ることになった。たとえば飲食店などから徴収するみかじめ料（用心棒代）は、これまで徴収するヤクザ側が罰せられたが、暴排条例では支払った店側も取り締まりの対象になった。極端な例を紹介すれば、印刷会社が組員の発注で名刺を刷って納品したところが、これが暴力団に対する利益供与に当たるとして、警察から警告を受けたとも言われる。ヤクザの名刺は、交渉において相手を威嚇するなど利益を得るためのツールであり、それを印刷することは利益供与にあたるというわけだ。

暴排条例は各地方公共団体で制定が進み、最後に残っていた東京都と沖縄県が二〇一一年十月一日にこれを制定したことで、全都道府県で施行されることになった。ヤクザの有形無形の力を頼ってビジネスをしていた〝一般市民〟は交際を自粛せざるを得なくなり、これがヤクザのシノギに多大なダメージを与えることになる。言い換えれば、暴排条例が全国で施行される二〇一一年までは、力のあるヤクザは裏社会の淘汰を逆手に取り、したたかに勢力を張っていたということになる。

出世階段を駆け上る熊谷も意気軒昂だった。自分に絶対の自信がある。だからクロード記者の質問にヤクザ像を誇張して答える必要もない。

「ヤクザが日本経済を動かしていると言われるが」

とクロード記者に水を向けられた熊谷は一笑に付して、こう答える。

「何兆円、何十兆円を動かしているとメディアに書かれたりしますが、どこの話かと思いますね。メディアによってつくられた虚像です。残念ながら私たちにそこまでの力はない。経済事件で名前のあがった稼業の人たちは個人の力量でそうしたのであって、ヤクザが経済を仕切っているわけではありません。裏社会は表社会の影のようなものなんですよ。影は所詮、影に過ぎない」

組のために身体をかける〝ジギリ〟にしても、「誰だって恐い。誰だって走りたくはない。それが人間でしょう。ヤクザも人間に変わりない」とした上で、こんな言い方をする。

「唐獅子牡丹を背負《しょ》って、ドス片手に敵陣に斬り込むのは映画の世界。抗争にＢＧＭは流れない。恐怖との戦い、自分との戦いです。本音を建て前でいかにネジ伏せてみせるか。ここにヤクザのヒロイズムがある」

映画やイメージの延長線上でなく、日本ヤクザ社会のリアルに海外のジャーナリストが興味を持つのは当然だったろう。稲川会直参という現役の立場にありながら、自分の信ずるところを堂々と口にする。ジャーナリストの嗅覚は、これまでの概念とは違う新しいヤクザ像を見たことだろう。

だが、本音も直言も自信の裏返しとするなら、自信は過ぎると周囲の反感を買い、傲慢に見られたりもする。稲川会の代紋は「稲穂」をあしらったものだが、熊谷の器量を買う幹部の一

人はこの代紋に譬《たとえ》て、

「クマよ、世に出る人間は、実るほどに頭《こうべ》を垂れるもんだ」

と、さとしてくれたが、頭で理解することと現実の行動は常にギャップがある。真っ赤に焼けた鉄を冷やそうとしても、少量の水では瞬時に蒸発してしまうのと同じで、先輩の言葉は破竹の勢いにある熊谷の耳に届く前に雲散霧消していた。

だが、人生は得意の絶頂でつまずく。急峻な山はそれに見合って谷底が深いように、やがてカンヌ国際映画祭のレッドカーペットを前にして熊谷の人生は暗転する。多くの若い衆をかかえる組織トップとして、我が身の処し方に呻吟することになろうとは、このとき熊谷は思いもしないことだったろう。

「ムッシュ・クマガイ、アリガトウ」

クロード記者がカタコトの日本語でお礼を述べ、腰を浮かせると握手の手を差し出した。

「お役に立てたかどうか」

熊谷がその手を握り返す。

「いい話が聞けました。出会いに感謝です。ところで、フランスへはいらしたことがありますか?」

「いいえ」

「では、ぜひパリにいらっしゃいませんか？　今回のお礼と言ってはなんですが、私が案内させていただきます」

「メルシー」

熊谷が笑って言った。フランスには前々から興味を持っていながら、これまで渡仏する機会がなかった。これは縁なのかもしれないと熊谷は思った。クロード記者の言葉を社交辞令として聞き流していれば、熊谷がカンヌ国際映画祭でレッドカーペットを踏むことはあり得なかったろう。人生の縁は複雑に見えて、解きほぐせば実にシンプルに絡み合ってることがわかる。

「本当に行きますよ」

「大歓迎です」

クロード記者が小太りの身体を反らすようにして両腕を広げると、もう一度、手を差し出した。すべての出会いを縁として受け入れる熊谷は、こうしてもう一石を鏡の湖面に投げ込んだのだった。

渡仏、あの「フィガロ紙」が身元保証人に

成田空港を昼前に発つと、シャルル・ドゴール空港には夕刻に到着する。直行便で約十二時

間半のフライトだった。晩秋に入ると日照時間はかなり短くなるとガイドブックに書いてあったが、この時刻はまだ機中の窓からパリの街を一望することができた。

（高層ビルが少なく、東京にくらべて平坦な街だな）

というのが熊谷の第一印象だった。パリは北海道よりも緯度が高い。どんよりとした曇り空が本格的な冬の到来を告げていたが、モノトーンの雰囲気が芸術の都にはよく似合っているような気がした。

「ムッシュ、クマガイ！」

クロード記者が大きく手を振って出迎えてくれ、熊谷の秘書が引く旅行ケースをひったくるようにして、

「滞在中は私にまかせてください」

と、熊谷にもわかるようにフランス語でなく英語で告げ、駐車場に向かった。

市街地に入って、いくつか通りを抜けてから、

「ムッシュ、あれがオペラ座です」

とクロード記者が指さした。

「写真で見て知っています」

熊谷がうなずきながら、

「一八七五年、いまから一二六年前の建築だそうですね。そのころの日本は明治維新から八年。西洋に追いつけということで、富国強兵と文明開化が始まった時代に、フランスではこのオペラ座が建てられた。文化という歴史の重みを感じます」

「よくご存じですね」

「歴史の本が好きなんですよ」

と、熊谷はすこしはにかんで応じた。

パリには十日ほど滞在するが、スケジュールはすべてクロード記者が組んでくれていた。

当時を振り返って、熊谷が語る。

「昼間は観光です。何しろ初めてのパリですから、昼間はエッフェル塔や凱旋門、シャンゼリゼ大通り、ノートルダム大聖堂、ルーブル美術館などの定番観光地。感心したのは夜です。クロードが知人たちを招いて会食するんですが、顔が広くて、ビジネスマンもいれば、私と同業者もいる、現役のギャングからリタイアした大物までね。人脈として私にプラスになるだろうという配慮だったのでしょう。さすがジャーナリストです」

パリのシックな街並みと雰囲気がすっかり気に入った熊谷は、以後、何度かこの地を訪れ、十日から二週間ほど滞在。人脈が人脈を呼び、いろんな人間と交誼《こうぎ》を深めていくのだが、そうしたなかで、ル・フィガロ紙からインタビューを申し込まれる。

同紙はフランス最古の日刊紙で、ル・モンドが中道左派なら、ル・フィガロは中道右派を代表する新聞だった。

なぜ自分なのか、熊谷はわからなかったが、察するに、クロード記者の記事を読んで、これまで自分たちがいだいていたヤクザ像とは違う何か、、を感じてくれてのことだろうと思った。熊谷のインタビュー記事は四ページに渡って月刊誌に掲載されていた。

縁というラグビーボールは、フィガロの編集長に当たって、思わぬ方向に跳ねていく。当時のシラク大統領が、グラン・パレで展示会を主催することになった。グラン・パレというのはパリ八区にある大規模な展覧会場と美術館で、一九〇〇年のパリ万国博覧会のために建てられた由緒ある建物だった。熊谷はこの展示会に招待はされたのだが、大統領主催である。身元確認のため保証人が必要とされた。現役のヤクザ組長で、しかもフランスの主要メディアにも紹介されているとなれば、身元保証をする人はいないだろう。諦めていたところが、何とフィガロの編集長と、政府関係者の一人がＶＩＰとして身元保証をしてくれることになった。

これには当の熊谷が驚いた。日本では信用も人格もすべて、「何者であるか」という属性で判断される。「ヤクザ＝悪」で、全国紙の編集長がヤクザ組長の身元保証でもしようものなら大問題になるだろう。フィガロ紙編集長と政府関係者の真意はわからないとしても、熊谷を保証するに値する人物と評価したことは事実だった。そしてこの展示会場で、のちドキュメンタリー映画『YOUNG YAKUZA』を撮ることになるジャン＝ピエール・リモザン監督と邂逅《かいこう》する。

リモザン監督との運命的な出会い

さすがシラク大統領主催の展示会とあって、各界から錚々《そうそう》たる人たちが集まっていた。熊谷はいろんな人を紹介してもらった。友人のフランス人は相手に応じて、熊谷が日本の現役ヤクザであることを告げたり、伏せたりして配慮していたが、フィガロに登場したことで顔を知っている人も少なくなく、ヤクザに興味津々であれこれ質問されたりした。

熊谷が、この人とは波長が合いそうだと感じたのは、フランスの映画監督であるリモザン氏だった。彼が「コンニチワ」とカタコトの日本語で挨拶してくれたからではない。紹介者が、「ムッシュ・クマガイはフィガロにも取り上げられたし、その前は雑誌の特集にもなっています。日本《ジャポン》ヤクザの組長です」と素性を明かしたとき、

「申しわけありませんが、私はその記事のどちらも見落としたようです」

と正直に言ったからだった。

リモザン監督にしてみれば、熊谷は会場で紹介された一人に過ぎない。

「ああ、拝見しました。あなたがそうでしたか」

とでも言っておけばすむものを、熊谷を知らなかった自分に非があるような、すまなさそうな顔をした。その誠実な態度が、熊谷には好ましく思えたのだった。長身で細面。交友を温めるようになってのち、リモザン監督は一九四九年生まれと知る。熊谷のちょうどひと回り年長になるが、年齢より少しふけて見えるのは、リモザン監督の頭髪がいささか心細くなっているせいかもしれないと思ったりもするのだった。

紹介者が熊谷にリモザン監督を引き合わせたのは、彼が親日家であるだけでなく、東京で映画を撮っていたので話が合うと思ったからだろう。

紹介者は流暢な日本語で、熊谷にこう告げた。

「監督は三年前、『ＴＯＫＹＯ　ＥＹＥＳ』という映画を撮っています。一九九八年の劇場公開です」

ご存じですか――という目で熊谷の顔をうかがったので、熊谷が笑みを浮かべて、

「申しわけありませんが、私はその映画を見落としたようです」

リモザン監督の言葉をそっくり返した。ウィットに富んだ返答にリモザン監督も思わず笑って、

「トーキョーを舞台にオールロケで撮りました。渋谷、下北沢……。謎の発砲事件を続ける青年と、彼に惹かれる少女のつかの間の関係を描いたものですが、俳優はすべて日本人です。セリフもすべて日本語。撮影クルーもワタシと監督助手以外はすべて日本人です」

「そうでしたか。主演は？」

「武田真治と吉川ひなの。共演は杉本哲太、大杉漣、そして特別出演が『ＨＡＮＡ－ＢＩ』のビートたけしです」

「あ、あの映画ですか。話題になりましたね。帰国したらさっそくＤＶＤを探しましょう」

会場に用意されたシャンパンを片手に話が弾む。


リモザン監督が親日家であることはよくわかった。ビートたけしの名前を口にするとき、わざわざ「ＨＡＮＡ－ＢＩの」と作品名を冠したことで、この映画は評判以上に海外で注目されていると熊谷は感じた。

『ＨＡＮＡ－ＢＩ』は一九九七年の公開で、監督・脚本・演出が「北野武」、主演は北野武と同一人物の「ビートたけし」。追われる身の刑事とその妻の逃亡劇で、第54回ヴェネツィア国際映画祭「金獅子賞」を受賞した。日本作品として四十年ぶりの快挙として国内外で注目を集め、「北野武」は監督として世界に認められることになる。「ＨＡＮＡ－ＢＩの」と、リモザン監督がわざわざ作品名を口にしたのは、同じ監督としてのリスペクトであったのだろう。

作品評価とは別に、『ＨＡＮＡ－ＢＩ』はヤクザが絡むバイオレンス・シーンが話題になり、「暴力ヤクザ映画」とも日本国内で批評された。リモザン監督が興味を持って熊谷に問いかけたのは、北野武の監督としての才能を高く評価しつつ、

「映画に描かれたように、日本のヤクザはあれほどに過激なのか」

ということだった。

これには熊谷は戸惑った。映画はあくまで娯楽であり、ヤクザが市街地で見境なく拳銃《チャカ》を弾くことなどあり得ない。日本では誰でもわかっていることだが、映画作品として海を渡ると〝事実〟になってしまうということか。かつて日本を評して「フジヤマ、ゲイシャ」と言われた時代がある。当時、日本ではすでに芸者の存在そのものが珍しく、「フジヤマ、ゲイシャ」に戸惑ったものだが、それに似たものを熊谷は感じたと、そのときを振り返って言う。

「親日家で、東京を舞台に作品を撮った監督であっても、ヤクザはすぐに拳銃《チャカ》をブッ放すものと思っている。ダーティなバイオレンスのイメージなんです。このことに私は当惑もしましたし、日本ヤクザにとって芳《かんば》しいものではないとも思った。実はフィガロ紙に私の記事が掲載されたとき、映画出演のオファーがありました。出演する意味もいわれもないので即座に断りましたが、きっとバイオレンスを念頭に置いたヤクザ映画だったんでしょう」

熊谷はリモザン監督に問われるまま、誤解を解くつもりでヤクザのリアルとイロハについて説明するのだが、外国人にヤクザという日本独特の伝統文化を説明するのはとても難しいことだった。

縄張りとは何かと問われ、

「古くからのしきたりで、縄張りとは組が管理する地域《テリトリー》のことで、地元の人は法律で処理できないトラブルの解決を依頼したり、飲食店はヤクザに店を守ってもらうことで客の安全を図る。賭場を開く権利も、縄張りを持っている組だけにあります。ヤクザは地元の人たちのために身体を懸け、汗をかき、共存共栄を図るのです」

こう説明してもピンとこない。

「縄張りは誰がどうやって決めるんですか?」

ときいてくる。

「力関係です。〝ここがウチの組の縄張りだ〟と宣言すればいい」

「勝手に?」

「そう、勝手に」

「保証は?」

「ありません。自分の力で守るしかない。ちょっとでも気を抜いたら、すぐに侵略されてしまう。だから命懸けで守る」

「縄張りを持たなくてもビジネスはできるんじゃないですか?」

ヤクザは縄張り内のカタギ衆と共存共栄することで生きていくということが、外国人にはピンとこないのだ。そこで熊谷は、こう言い換える。

「ヤクザにとって縄張りは、国にとっての領土と同じです。政府は外国の侵略に対しては武力をもって立ち向かうし、国内の治安にもあたる。国を持たなくても生きてはいけますが、それでは流浪の民になって、それぞれの主権国家から排除されてしまう。私たちヤクザもそれと同じだと思っていただければいいでしょう。犬だって、猛獣だって自分の縄張りを持っていて、命懸けでそれを守っている」

「なるほど」

とリモザン監督が納得する。

こうして意気投合した二人は連れだって会場を後にすると、夕食をともにしながら、日本のヤクザについて、マフィアについて、そして映画『ゴッドファーザー』について熱く語り合った。『ゴッドファーザー』の話が出たとき、ひょっとしてリモザン監督はヤクザ映画を撮りたいがために自分と話を弾ませているのではないか、という思いが熊谷の脳裡をよぎったが、映画を撮りたいといった言葉は一言も出なかった。このことに熊谷は信頼を寄せる。

こうして友人としてのつき合いが始まり、日本とフランスをお互いが行き来するなかで交誼を温めていくのだった。

四十一歳の若さで稲川会三代目会長秘書

リザモン監督との出会いと前後する二〇〇二年、熊谷は四十一歳の若さで会長付秘書に登用され、三代目稲川会・稲川裕紘会長に仕える。会長付秘書といえば側近中の側近であり、いかに三代目の信頼を得ていたかがわかるだろう。三代目は、斯界のカリスマである稲川聖城の実子で、一九四〇年生まれ。熊谷より二十一歳年長であった。

熊谷が会長付に就任した二〇〇二年は、暴力団対策法（暴対法）が施行されて十年の節目に当たる。警察はこの十年を総括して、『警察白書』（二〇〇二年）に次のように記す。

《暴力団員による不当な行為の防止等に関する法律（以下「暴力団対策法」という）の施行を契機とした暴力団排除気運の高まりと取締りの一層の強化により、暴力団は、社会から孤立しつつある》

と、一定の成果を強調しつつも、

《しかしながら、民事介入暴力、金融・不良債権関連事犯を多数引き起こすなど、その資金獲得活動は、社会経済情勢の変化に対応して一層多様化・巧妙化しつつある。また、暴力団は、けん銃を使用した凶悪な犯罪や薬物犯罪を多数引き起こすなど、市民社会にとって大きな脅威となっており、対立抗争事件も、依然として多数発生している。》

と警鐘を鳴らしている。

ここから読み取れるのは、ヤクザ組織は依然としてその勢力を保持し、社会の表裏に大きな影響力を持っているということだ。組員の総数も山口組、稲川会、住吉会の三団体で約三万四百人と昨年度より一・三パーセント増。対立抗争事件が増えていることも白書は明記している。

だが、バブル崩壊で表社会が地殻変動を起こしたように、それと表裏をなすヤクザ社会もまた大きくその枠組みを変えようとしていた。裕紘三代目は、その風貌と相まって武闘派としてメディアに取り上げられることが多かったが、大局から政治的な判断のできる人物だった。ヤクザ社会がツノを突き合わせていたのでは当局の思うつぼで、これからは平和共存を図っていかなければならないとして、他団体と積極的に平和外交を押し進めていた。熊谷を側近に抜擢したのは、熊谷の時代を読む鋭敏な感覚と合理的な判断力に期待してのことだったのではないだろうか。

あとの章でくわしく紹介するが、裕紘三代目が熊谷と初めて顔を合わすのは約二十年前、熊谷が二十三歳のときだった。当時、裕紘は稲川会本部長の要職にあり、次期会長に就くのは既定路線で、駆け出しの熊谷にとっては〝雲上人〟。言葉をかわすことさえできなかったが、その後、熊谷が最年少記録で出世していくところを見ると、裕紘は一見してその将来性を見抜いていたということになるのだろう。

組織は「情」でなく「責務」で動かす

熊谷も裕紘三代目の信頼にこたえるべく、全身全霊を懸けて仕えた。それが帝王学であったのか判然としないが、裕紘三代目と直《じか》に口のきける人間は、稲川会のなかでもほんの一握りの上層部に限られていた。まして他組織ともなれば、面会ひとつにしても、しかるべき手順を踏まなければ三代目の耳に届くことさえない。必然的に、側近である会長付秘書は一目も二目も置かれることになるが、熊谷は相手が他組織の重鎮であってもハッキリとものを言った。三代目が多忙でスケジュールがタイトであれば「無理です」と容赦のない言い方をする。三代目に対して横柄な態度をとったと熊谷が判断すれば、不快な態度をあからさまに見せつけた。

そんな熊谷を評して、

「若いのにたいしたもんだ」

という声もないわけではなかったが、大半は「生意気な野郎だ」と言って嫌った。稲川会の本部を訪れ、熊谷の顔を見るだけで嫌悪感を露わにする人間もいた。地位や立場は利用するもので、相手のために便宜をはかり、顔を売り、将来に備えて地歩を固めようとするのが一般的な処し方だが、熊谷はそうはしなかった。

熊谷が言う。

「会長付の責務は会長をサポートすること。これ以上でも以下でもない。客人や同じ稲川会の人間に憎まれるか嫌われるかは、サポートの結果に過ぎないことであって、私の与《あずか》り知らぬことです。虎の威を借りて生意気な言動をしてるわけじゃないし、会長に気に入られようしてやっていたわけでもない。会長付、理事長付、本部長付といった○○付や、○○補佐といった立場の責務は、仕える人間に対するサポートであり防御です。会社でもそうじゃないですか？部長付、部長補佐は部長をサポートするのが責務。責務を貫けば嫌われることにもなるでしょう」

そして、こんな言い方をする。

「上の人間に心酔するのは〝私《し》〟であり、責務として仕えるのは〝公《こう》〟です。心酔しようがしまいが、男は〝公〟の立場を貫くべきじゃないですか？」

これがヤクザ社会に限らず、筋を通すということなのだとする。言葉を変えれば、組織は「情」でなく「責務」で動かすということになる。ヤクザ組織も企業も、規模が小さいうちは人間関係が濃密であるため、情で動かせる。「この人のためなら」という思いが組織を牽引し、後押しをし、社員や組員は捨て石にさえなってくれる。

だが一定規模の組織になれば、そうはいかない。組織は歯車の集合体であり、組織が発展していくためには、個々の歯車がそれぞれ為《な》すべき役割と責務を完璧に遂行することが求められる。熊谷という一本気で責務に殉じることのできる若手は、このことが見えていたのだろう。会長付として手許においた裕紘三代目の炯眼《けいがん》であったということか。

損得で腰を引いたのでは言行不一致になる

リモザン監督と知り合って二年ほどが過ぎ、東京とパリで何度か会って食事を共にするなど、熊谷は交誼を重ねていた。お互い、自分とは異なる世界の話は刺激的で興味はつきなかったが、話題が多岐に渡るなかで共通するテーマは「ヤクザ」だった。熊谷の立場が現役のヤクザ組長であることから、親日家で日本文化に関心を持つリモザン監督の関心がヤクザ社会に向かうのは自然の流れだったろう。

「ムッシュ・クマガイ、ヤクザ社会の現実を映画に撮ってみたい」

仕事で何度目か来日したとき、リモザン監督が切り出した。

「フィクションでなく?」

「そうです。荒唐無稽なヤクザ映画じゃなくて事実を撮る」

熊谷は黙ってうなずいたが、返事はしなかった。勘のいい熊谷は、リモザン監督が映画を撮りたがっている気持ちはすでにわかっていたし、ヤクザのダーティなイメージは何とかするべきだという思いも持っている。リモザン監督なら自分の期待にこたえてくれるだろう。二人で組めばいい作品が撮れると思ったが、

「考えさせてください」

返事を保留した。

「どうぞ、じっくりと考えてください」

リモザン監督は穏やかな口調で言ってうなずいた。

熊谷の立場を考えれば、映画出演が容易でないことは監督も承知している。零細組織の一組長であれば別だが、熊谷は稲川会という大組織の要職にある。ヤクザの真の姿を知らしめたいという思いを持ってはいても、映画出演となると話は別だ。イエスにしろノーにしろ、熊谷が即答しなかった気持ちはリモザン監督にはよく理解できた。

「日本にはいつまで?」

「明後日に帰ります」

「わかりました。結論が出たら、返事はパリに持っていきます」

熊谷がきっぱり言った。電話でかまわないとリモザン監督は言ったが、返事はどうあれ、直接会って伝えるのが礼儀であり誠意だと思った。リモザン監督が投げたボールをキャッチするか、投げ返すか、あるいは手を出さないかは熊谷の問題だった。


それから数日、熊谷は自問自答した。

映画に出ることのメリットとデメリットを考えれば、現役組長の自分にメリットはない。当局は注視するだろうし、派手な行動は組織内でやっかまれもすれば批判もされるだろう。自分一人ならともかく、若い衆をかかえている。彼らのことを考えれば、熊谷組を率いるトップとして映画出演は軽率であるという思いの一方、ボーダーレス社会の進展によって、これからの稼業は海外に出てシノギすることになるだろう。ダーティなイメージで喧伝されていることは大きな障壁になる。イメージの払拭は急務だとわかってはいる。だが、それは自分がやるべき責務かと自問すれば、答えはノーになる。

(もっとほかにやらなければならないことがたくさんある)

これが熊谷の偽らざる思いだった。

実はこの時期、熊谷に稲川会にあって、さらなる高みに駆け上がっていた。二年半の会長付秘書を経て、裕紘三代目の長男である稲川英希本部長の補佐に抜擢されたのである。

だが、運命というやつは一筋縄ではいかないものだ。英希本部長との関わりが、結果として熊谷のヤクザ人生を暗転させることになる。運と不運は表裏の関係にあり、磁石に磁気を近づけると両極を指す針が瞬時に入れ替わるように、運は不運に、不運は運に転じ、これを永遠に繰り返す。人生のこの理《ことわり》に熊谷が気づくのは、さらに齢《よわい》を重ねて後のことである。


熊谷の立場で、ヤクザをテーマとした映画に出演するメリットはない。だから断るつもりでいたが一転、出演を決断することになる。理由は、出演を損得で考えていた自分に気がついたからだ。

損得で考えれば出演は決して得策ではない。それはハッキリしている。自分が稼業を代表して、「実相はこうです」と声を大にして言う立場でもないし、僭越《せんえつ》なことだと思っていた。だがそれは、損得の考え方である。このことに熊谷は気づいた。任侠道を口にしながら、損得で腰を引いたのでは言行不一致になる。これは男として、もっとも恥ずべきことではないか。

そう自問すると、断るという選択肢はなくなってくる。自分は稼業の代表としてものを言う資格はないとしても、映画出演という〝ものを言う機会〟を与えられている。そう考えれば、出演は、自分の責務ではないか、と思うようになってきたのだった。

責務や信念が損得より優先するという処し方については、評価はさまざまあるだろう。生き方において正しいことは、しばしば利害と相反する。言い換えれば、生き方を取るか、利害を取るかが、その人間の人生観ということになる。

熊谷は腹を決めた。

「おい、熱海に行くぞ」

秘書に命じ、あわただしく武蔵小山の熊谷組事務所をあとにした。当時、「熱海」と言えば稲川会本家のことだった。

『YOUNG YAKUZA』出演の条件

熊谷は裕紘三代目の前で居住まいを正すと、単刀直入に言った。

「自分に映画出演の依頼があります。監督はフランス人。フランス映画です。ヤクザのドキュメンタリー映画を撮りたいということです」

これまでの経緯と、リモザン監督について説明しようとするのをさえぎるように、

「いいじゃないか。若いんだからどんどんやれ」

映画の内容を聞くことなく笑い飛ばしたのは、裕紘三代目の器の大きさと同時に、熊谷に対

して全幅の信頼を置いている証《あかし》でもあったのだろう。

それ以上、映画について三代目は何も言わず、熊谷も話さなかった。了解を求めるに至った経緯、可否の理由についていちいち説明するのはカタギ社会のことであって、ヤクザ社会では結論だけを短く口にする。「理由を説明する」「理由を聞いて断を下す」というのは、理由によって結論が変わってくるということだ。理由のいかんを問わず、「おまえが言うなら」「親分がそう言うなら」と、双方の信頼の絆があって成り立つのがヤクザ社会だった。

熊谷はすぐさまパリに飛んだ。

「撮りましょう。ただし、条件が二つあります」

「言ってください」

「一つは、事実をありのままに描くこと」

リモザン監督が黙ってうなずく。

「熊谷組の事務所は狭く、映像にして見栄えのいいものじゃない。豪華な事務所を構えている稲川会幹部もいますから、そこを借りて撮影することは可能ですが、それではドキュメンタリーにはならない。うちの組の経済力はその程度なんだから、ありのままを撮ればいい」

「そうするべきだと私も思います。で、もう一つは？」

「非合法活動の現場は撮らない。あちこち迷惑がかかる。ただし撮影中、目の前で起こった事実については撮ってかまいません」

「承知しました。私が撮りたいのは、逆風と言われる厳しい社会情勢のなかでヤクザがどう生き残っていこうとしているのか、あるいは新人をどう教育し、一人前のヤクザに育てていくのかといったことを、ムッシュ・クマガイを通して描くことです」

「了解。具体的な中身については、お互い、忌憚《きたん》のない意見をぶつけあいながら進めていきましょう。で、監督」

「何でしょう」

「カンヌへ行きましょう」

「カンヌ?」

「カンヌ国際映画祭です。ここでこの映画をぜひ上映させたい。レッドカーペットを一緒に歩きましょう」

「それは素晴らしい!」

破顔して見せたものの、リモザン監督がこの言葉をどう受け取ったかはわからない。映画にはシロウトの夢物語と思ったとしても責められまい。だが、熊谷がカンヌ国際映画祭を持ち出したのは、意気込みでも景気づけでもなかった。

「どうせ撮るんだったら、そこまでの作品にしたいと思った」

と、このときの心境を語る。

「話題にもならなければ、〝なんだ、熊谷〟と周囲から言われる。ヨーイドンで始める以上、よく撮ったと言われるものにしたい。やっかみは、ザマミロの裏返しですからね。話題になるほどのものを撮れば、やっかみの声は起こらない」

カンヌ映画祭のレッドカーペットは、ヤクザとして熊谷のメンツも懸かっていた。

日本で、フランスで、熊谷とリモザン監督は映画の内容について語り合った。その結果、ヤンチャで手のつけられない若者の母親に頼まれ、熊谷組が準構成員として預かる場面から撮り始めることにした。若者がヤクザとして少しずつ成長していく過程をタテ糸とすることで、事務所内での処し方、上下関係の厳しさ、価値観といったヤクザ社会の実相を描こうとするものだった。

熊谷もリモザン監督も、ドキュメンタリーにこだわった。創作でなく、預かる若者も実在で、「ナオキ」という名前で映画に登場する。リモザン監督はフランスから撮影クルーを引き連れ、一度の来日につき二週間ほどを費やした。熊谷組の事務所は武蔵小山にあるため、五反田のビジネスホテルに泊まり込んで撮影を続けた。来日は十回を超え、撮影期間は一年半を費やすことになる。寝耳に水の事態が起こるのは、撮影がスタートした直後の二〇〇五年五月二十九日朝のことだった。

稲川裕紘三代目が急逝する。

ジェットコースター

三代目逝去の一報は北海道から沖縄まで瞬時に駆けめぐり、ヤクザ社会は稲川会の動向を注視した。稲川聖城総裁が健在とはいえ、トップの突然の死による代目継承は、波乱を呼ぶことが少なくないからである。

山口組、住吉会と並ぶ稲川会がこれからどういう組織体制で臨むのか。ヤクザ社会だけでなく、警察当局も稲川会内部の動きに神経を尖らせた。

新聞は裕紘三代目死去を次のように報じた。

≪稲川会会長が死去

警視庁組織犯罪対策3課によると、指定暴力団稲川会の稲川土肥《とい》会長（64）が29日朝、入院先の東京都内の病院で死亡した。死因は病死とみられる。

同課の調べでは、稲川会は東京、北海道と18県に勢力があり、構成員約５１００人、準構成員約４４００人。本部事務所は港区六本木にあり、暴力団対策法に基づく指定の代表者は父親の稲川角二総裁（90）》（２００５年5月30日付／読売新聞）

《稲川会3代目会長が病死

指定暴力団稲川会（本部・東京都港区）の稲川土肥（とい）3代目会長（64）＝通称・裕紘（ゆうこう）＝が29日病死したことが警察当局に入った情報で分かった。４代目会長には実子で英生（ひでき）本部長（30）が就くとみられる。

稲川会長は、父で同会トップの稲川角二総裁（90）＝通称・聖城（せいじょう）＝と共に同会を率いてきた絶対的存在だっただけに、同会内部の混乱や他団体の攻勢などの可能性もあり、警察当局は警戒を強めている。

警視庁によると、稲川会は92年に都公安委員会から指定された指定暴力団。20都道県に３６０組織、構成員約５１００人、準構成員も含めると約９５００人（昨年12月現在）で、山口組、住吉会に次ぐ全国３番目の規模》（２００５年5月30日付／毎日新聞）

六十四歳という若さで逝くとは、熊谷は信じられない思いだった。三代目体制のもとで頭角を現した熊谷は、このとき四十四歳。あとで振り返れば、裕紘三代目の死去によって洋々たる前途に暗雲が垂れ込めるのだが、熊谷にその懸念は微塵もなかった。信念にしたがって正道を堂々と歩けば、結果はおのずとついてくるという自信であった。

執行部の判断で、会長空席のまま一年間は喪に服すことになるが、やがて次期会長をめぐって、英希（英生）本部長と、五代目京葉七熊一家・角田吉男総長の対立が表面化する。英希は三代目の実子にして聖城総裁の孫であるなら、一方の角田は理事長として裕紘三代目に仕えた実力者である。双方で何度も話し合いが持たれたが結局、まとまらなかった。

そして一年の喪が明けた二〇〇六年七月十九日、双方がそれぞれ襲名式を開くという異常事態に陥る。もし稲川会が割れ、各地で抗争事件が起これば、取り締まり強化を図る当局にとって千載一遇のチャンスになる。全国のヤクザ組織が固唾を呑むようにして、聖城総裁の動きを見守った。聖城総裁は大所高所から判断したのだろう。角田の襲名式に出席することで意のあるところを内外に示し、事態の収拾を図る。分裂は回避された。

本部長補佐の立場にあった熊谷は、本部長を支持した。「補佐の責務は仕える人間に対するサポートである」という信念の熊谷からすれば、本部長のために汗をかくのは当然だったろう。

だが、その代償は大きかった。英希本部長は引退、熊谷は直参からヒラに降格となる。三十二歳で専務理事、三十九歳で直参という最年少記録を誇り、出世階段を駆け上がってきた熊谷は頭から階下に転げ落ちていったのだった。

自分が選んだ道がたまたま行き止まりになった

周囲がいっせいに手のひらを返した。

最敬礼していた人間が露骨にそっぽを向く。これまで熊谷の姿を見ればすっ飛んで来て挨拶をしていた人間が、熊谷が目の前を通っても無視する。熊谷を見る目も態度もガラリと変わった。

「戸惑いと腹立たしさ。そうすべきだと信じた道――自分では王道だと信じて歩いてきた道が途中でプッツンと切れて、行き止まりになっていた。そんな戸惑いと、間違ったことはしていないのになぜだ、という腹立たしさ。だから処分にも、周囲の手のひら返しにも納得がいかない。なぜ俺がこんな目に遭わなくちゃならないんだってね」

常に自分を客観視し、自己を律することに厳しい熊谷でさえ、「なぜ俺が」という腹立たしさと鬱々とした思いに苛《さいな》まれる。信念に殉じるのは男の生き方として尊いとしても、人それぞれに「正義」がある以上、信念は一つの価値観に過ぎない。結果が出てなお、自分の価値観に固執することにどれほどの意味があるだろう。

だが渦中にある当事者には、そんな自分が見えにくいものだ。熊谷の目を見開いてくれたのは、熊谷を理解してくれる数少ない一人で、ある組の副会長だった。

その日、コーヒーを飲みながら熊谷が副会長に憤懣《ふんまん》をぶつけた。自分は悪くない、自分は稲川会のためによかれと思って行動した、決して派閥抗争じゃない、それなのになぜ自分が処分されるのか納得いかない――。

黙って聞いていた副会長が、穏やかな口調でさとした。

「こんなこと言っちゃなんだけど、あんたは他の道を選ぶこともできたはずじゃないのかい。自分の意志で選んだ道がたまたま行き止まりになっていた。それだけのことだ。人間は被害者意識を持たないほうがいい」

誰が悪いのでもない。愚痴るな、愚痴からは何も生まれない。副会長はそう言葉を続けたのだった。

この瞬間から熊谷の人生観が変わった。「自分は間違っていない」と腹立たしく思うことこそ、傲慢そのものではないのか。若くして出世したことへの周囲のやっかみはあったとしても、それに油をそそいで炎上させたのは自分である。傲慢にふるまったつもりはないとしても、そう見られていたということは事実であった。人間は手のひらを返す。立場が逆転すれば態度も逆転する。結局、周囲の人間は「熊谷」という個人に頭を下げていたのではなく、執行部にいるという立場に頭を下げていたに過ぎないことを、熊谷は身にしみてさとるのだった。

熊谷の気持ちは吹っ切れた。勢いよく上がったんだから落ちるときも勢いよくだ、と達観しつつ、これからの境遇を「修行期間」と位置づけた。リベンジとは違う。これからどういう時代を迎えようとも、それに即応できるように自分を高めておくことこそ大事だと頭を切り換えた。あくまで自分との戦いだと腹をくくれば、手のひらを返されようが、無視されようが、そんなことはどうでもいいことに思えてきたのだった。

疾風に勁草を知る

人生は思いどおりにならない。

これが世の中である。組織において信念を貫こうと、大勢にしたがって自分を曲げようと、結果は必ずしも期待したとおりにはならない。百人いれば百の思惑と利害があり、さらに運という不確かで理屈の及ばざるものが絡み合って、私たちの人生は翻弄される。

僥倖《ぎょうこう》に恵まれれば喜色を浮かべ、運の加護に手放しで感謝するが、意に反した結果であれば、

「なぜだ」

と憤懣《ふんまん》をいだく。

愚痴をこぼす。

身勝手とはいえ、それが人間の素直な感情だろう。

心すべきは、憤懣や愚痴を引きずっていたのでは何も解決しないということだ。「意に反した結果」は既成事実であり、どうにもならないことなのである。野球でたとえれば、風のいたずらで凡フライを落球して得点されたのと同じで、風とツキのなさをいくら呪っても、落球の事実も得点された事実も変わらないだけでなく、腐った気分は連鎖し、墓穴を掘ることになる。人生の失敗とは、失敗そのものにあるのではなく、事実を事実として受け入れることのできない自分にある。このことに気づくかどうかで、その後の人生展開は大きく変わっていく。

中国『後漢書』に《疾風《しっぷう》に勁草《けいそう》を知る》という一語がある。「勁草」とは強い草のことで、強い風が吹いて、初めて強い草であることがわかるという意味から転じて、

「苦境や厳しい試練にあるとき、初めて意志や節操が堅固な人であることがわかる」

とする。

言葉を変えれば、意に染まない結果や不運を受け入れ、憤懣も愚痴もこぼすことになく敢然と胸を張るということになる。勁草は決して疾風を呪うことなく、耐えて見せるのだ。

だが、トップの失墜は組員たちの志気とシノギに大きく影響する。大組織になると、傘下の

組同士がシノギでぶつかることも少なくなく、組織内で力のある組が優位に立つ。

「熊谷さんのところならしょうがない」

と、これまで遠慮していてくれていたものが、

「熊谷組？　それがどうした」

と強気に出てくるようになる。

これが組員にはこたえた。熊谷組の金看板をしょって肩で風切って歩いた組員が味わう屈辱と悲哀であったろう。

しかも熊谷は、この非常時に『ＹＯＵＮＧ ＹＡＫＵＺＡ』の撮影を継続していた。撮影に一年半をかけたということは、撮影開始直後に裕紘三代目が急逝し、喪に服した一年間をはさんで熊谷が降格するまで同時進行であったということになる。ヤクザ人生の正念場に映画の撮影とは狂気の沙汰だが、

「組内のことは私の問題であって、リモザン監督には関係ないこと。制作資金はリモザン監督が海外のスポンサーを口説いて集めたものですから、いまここで制作を中止すれば監督だけでなく、これまでいっしょに汗をかいてきたスタッフたちに多大な迷惑をかけてしまう。契約は細部に渡って取り交わされていますから、違約金も発生するでしょう。すべては私がＯＫを出したところからスタートしている。しかもカンヌを目指そうとまで言った。状況がどうあれ、

撮影を続行するのが私に課せられた責務です」

振り返って淡々と語るが、組員の動揺はもちろんわかっている。彼らは口には出さないが、これから先、熊谷組はどうなっていくのか将来に不安をいだいている。「映画どころじゃないだろう」という思いをいだくのは当然だったろう。熊谷も悩んだ。自分の生き方と、トップとしての責務との葛藤であり、トップについて回る永遠の課題を背負って、熊谷は〝勁草〟であろうとした。

これからの処し方をさとる

組の維持発展を念頭におけば、組織内で再び足場をつくり、一歩でも二歩でもよじ登っていくのが穏当で近道になる。これを処世術というが、当然ながら膝を屈することも求められる。それを潔しとしないなら、処世術から距離を置くしかない。そのうえで組織を固めるには、トップの求心力しかない。

（果たして自分にその求心力があるのか？）

あらたな道の選択を前に熊谷は苦悩する。

選んだ道がどこに通じているかは実際に歩いてみなければわからない。行き止まりかもしれないし、沃野《よくや》に通じる王道かもしれない。正解を見つけるのは不可能であるにもかかわらず、人間は正解の手かがりを探して葛藤し、苦悩するのだった。

明確な方針が定まらぬまま、苦しい日々を過ごしていたある夜のことだった。

「K一家のO総長と一杯やるんだけど、つきあわないか」

と、稲川会の某総長が熊谷を誘ってくれた。K一家は東海地方に勢力を張る山口組直参で、某総長とO総長は兄弟分だった。ほんのひと握りだが、稲川会にあって四面楚歌の熊谷にも、信念を貫く姿に共感する人間もいたのである。

誘われるまま、某市の料亭の座敷にあがると、

「兄弟、熊谷はいま冷や飯を食っているんだ」

と言った。

熊谷をなぐさめるつもりであったか、O総長に励ましてもらうよう水を向けたのかはわからないが、この一言を耳にしたとき、熊谷は決然とこれからの処し方をさとる。

熊谷はO総長に言った。

「いや、私は冷や飯は食っていませんよ。冷や飯は確かに目の前に置いてあります。だけど食うか食わないかは私の自由です。どんなにひもじくても、私はひと口も食べる気はない」

「兄弟」

と、O総長が古参組長に笑いかけて、

「この人、大丈夫や。また上がってきよる。そんだけの喩《たと》え、なかなか口にでけんでぇ」

苦労人だけに、O総長の言葉は熊谷の心にしみた。処世に迷うことはない。自分をごまかさず、堂々と信ずる道を歩めばいいのだ。それが王道であろうが、行き止まりであろうがいいではないか。若い衆にさみしい思いをさせていてすまないとは思うが、組長の自分が決めた道だ。覚悟してついて来いと言えるトップでなければなるまい。妥協は逃げだ。どんな理屈をつけようと、節を曲げるということにおいて逃げ以外のなにものでもない。熊谷はそう自分に言い聞かせるのだった。


二〇一一年に清田次郎理事長が五代目稲川会会長の座に就くと、O総長の予言どおり、熊谷は盃を下ろされて直参に返り咲く。

そして二〇一六年、熊谷組の上部団体である碑文谷一家十一代目総長となり、さらにその年に理事長付、そして翌年四月、理事長補佐に昇格。執行部入りする。ヒラに落とされた人間の劇的なカムバックは、激動のヤクザ社会にあって、熊谷の能力を必要としているということになるだろうか。

能力や力量に絶対値はなく、時代の流れと組織の変容によっていかようにも評価は変わる。

その時々で器用に生き方を変えるのではなく、愚直に己の信念を貫き、忍耐で時到るをじっと待つ者は必ずや日の目を見るということになる。

だがそれはまだまだ先のことで、二〇〇六年、ヒラに降格になった熊谷は、これから雌伏の時代を過ごす。

どれだけの運があるのか、カンヌに行くことで試す

冷や飯を前に置き、それに箸を伸ばすことなく、粛々と己のなすべきことに全力を傾注した。『ＹＯＵＮＧ ＹＡＫＵＺＡ』は撮影に一年半、企画から二年余を経て完成する。ＢＧＭは意表をついて、ヤクザ映画らしからぬラップ音楽を用い、小気味のよいアップテンポのリズムに乗って物語は軽快に進んでいく。満足のいく出来映えに熊谷は喜んだ。

実は、この映画にもアクシデントがあった。「ナオキ」の成長物語を縦軸に据えていたが、肝心の「ナオキ」がケツを割り、八カ月ほどで組を抜けてしまったのである。テーマを変えて撮り直すしかないが、制作日程と費用をどうするか。頭を抱えるリモザン監督に、熊谷は言った。

「ケツを割ったら割ったで、それこそドキュメンタリーじゃないですか。ナオキがいてもいな

くても、事実を事実として撮ればいい。あのコだけじゃなく、ウチの組に何十年いたって、ちょっとしたことでいなくなることもある。そういう世界なんです」

「オーケー」

リモザン監督は当初の予定どおり撮影を続行する。そして、「非合法活動の現場は撮らない。ただし撮影中、目の前で起こった事実については撮ってかまいません」と熊谷が約束した言葉にしたがい、熊谷が降格した事実もフィルムに収めた。『YOUNG YAKUZA』が予定調和のストーリーにならなかったことが、ドキュメンタリーとしてのリアリティを生むことになるのだった。

年が明け、リモザン監督が電話をかけてきた。

――ムッシュ・クマガイ、タキシードを用意してください。

「タキシード?」

――私と並んでレッドカーペットを歩くのです。

「まさかカンヌ?」

――カンヌに行こうと言ったのはあなたですよ。

「そうだったね」

――嬉しくないんですか？

「嬉しいです、もちろん」

こんな会話をして、熊谷は電話を切る。

『ＹＯＵＮＧ　ＹＡＫＵＺＡ』は二〇〇七年度「カンヌ映画祭ドキュメンタリー部門」で上映されることになった。無軌道な殺戮や抗争事件はもちろんない。ドラマのハデさもない。ヤクザの日常を淡々と撮ったものだが、人とのつながりやしきたりを通して任侠道という日本文化が描かれ、質の高さが評判になっていた。フランスのファッションデザイナーであるアニエス・ベーが、この映画のためにＴシャツを制作したと聞かされたとき、熊谷は改めてヤクザに対する関心の高さに驚き、世界的に注目されるカンヌで上映されることによってヤクザに対する偏見が少しは払拭されるだろうと思った。

だが、レッドカーペットを一緒に歩こうとリモザン監督に電話で告げられたとき、熊谷は即答しなかった。自分が置かれている立場をどう判断するか、見極めがつかなかったからだ。信念にしたがう腹はくくっている。だが、カンヌ国際映画祭のレッドカーペットを正装して歩くとなると話は違ってくるだろう。世界注視のイベントで、何百というカメラマンのフラッシュを浴び、メディアに報じられる。しかも映画祭は節目の六十周年だと聞く。栄誉ではあるが、降格になった直後であり、タイミングとしては最悪だった。

迷いはしたが、それはほんの一瞬のことだった。カンヌに行くことが、今後の自分の人生にどう影響するか。言い換えれば、自分にどれだけの運があるのか、カンヌに行くことで試してみたいという気持ちがあった。マオカラーのタキシードを新調し、二〇〇七年五月、熊谷は単身カンヌを訪れる。

カンヌ国際映画祭は、ベネチア国際映画祭、ベルリン国際映画祭とともに世界三大映画祭として知られる。カンヌ国際映画祭の特徴は「商業性」で、同時開催されるカンヌ・フィルム・マーケットには約八百社が参加。世界各地からバイヤーなど一万人を超える映画関係者が集まり、配給権の売買や新作映画のプロモーションが行われる。カンヌは地中海に面した気候温暖な保養地で、毎年、映画祭が開催される五月の二週間は、文字どおりお祭り騒ぎとなる。

二〇〇七年五月十九日午後十時、熊谷はリモザン監督と映画祭のメイン会場にいた。レッドカーペットは全長六十メートル、それに二十四段の大階段が続く。海外の映画スターたちに続いて、熊谷とリモザン監督がゆっくりとした足取りでレッドカーペットの上を進み、フラッシュが間断なく眩《まばゆ》い光を放つ。翌日の報道では、集まったカメラマンは六百人を超えたとある。

作品の質の高さに加えて、ジャパニーズ・ヤクザに対するメディアの関心は高く、一般紙誌から映画専門誌まで十数社から熊谷に取材の申し込みがきた。だが熊谷はすべて断った。作品を通してヤクザの実態を知ってもらうのが当初からの目的であり、それが果たせた以上、俳優でもない自分があれこれしゃべる立場にないと思っていたからだった。取材は受けないということについては、事前にリモザン監督にも伝えてあったが、

「クマガイ、フィガロとルモンドのインタビューだけ受けてくれないか。この二紙は、私が無名のころから世話になっているんです」

控え目な口調で懇願され、

「わかりました。それで監督の顔が立つなら」

ということで引き受けることにした。

インタビューの通訳は映画祭実行委員会で用意した。カトリーヌというフランス人女性で、英語と日本語に堪能ということから、映画祭ではトム・クルーズ、北野武、松本人志の通訳を担当していた。北野は監督としてカンヌ映画祭に招待され、松本は初監督作『大日本人』を出品していた。

ルモンドの記者は、映画制作に至る経緯や作品の内容、撮影現場でのエピソードなどについて質問したあと、

「最後におききしますが、ご自身が映画に描かれてみて何を感じましたか？」

と問いかけた。

熊谷はひと呼吸おいて、

「自分の器の小ささを感じました。リーダーシップの無さです」

カトリーヌ嬢の顔色が変わった。

「そのまま通訳していいんですか?」

確認するように言った。

「かまいません。そのまま通訳してください」

彼女が小さくうなずき、フランス語で記者に告げると、記者はメモの手を止めて顔を上げた。

熊谷が続ける。

「日本のヤクザの素顔を撮りたくてスタートした作品です。だから演出の一切を排除して、ありのままを撮った。目的は果たせたと思います。一方で、作品を通して、私は自分というものを俯瞰して見ることができた。そこで感じたのは自分の器の小ささ、リーダシップの無さということです」

通訳を待って、記者は念を押すように言った。

「ムッシュ・クマガイ、この記事は世界中の人が読みます。いまの話を書いてもかまわないのですか?」

「もちろんです。私の本心ですから」

熊谷が言った。

組の非常時に映画撮影を続行することに対して、組員たちが不安と不満をいだいていることはわかっている。わかっていながら、撮影中の組員の浮き足だった態度にリーダーとしていたたまれない思いがした。このことを熊谷は「器の小ささ」「リーダーシップの無さ」という言葉で記者に告げたのだった。


行ってよかった。熊谷は心からそう思った。稼業の人間が世界的映画祭に出させてもらうことは、これ以後もないだろう。貴重な経験はいくつもあった。目を見張ったのはクルーザーの数だった。カンヌの沖合に百フィートクラスがたくさん浮かんでいる。デッキは三層で、エレベータがついているクルーザーもあり、値段は二十億円を超えるということだった。ここに宿泊してカンヌを楽しむ。クルーザーに掲揚された国旗を見ると、世界中から富豪たちが集まっていることがわかる。

富豪であることが人間として一流であるかどうかはともかく、少なくとも彼らはサクセスを体現しており、豪華クルーザーにふさわしいことは確かだった。熊谷はよく東南アジアに出かけるが、稼業という特殊性から予定が立ちにくく、渡航が前日に決まるということもあって飛行機のチケットが取れず、ファーストクラスに乗ることが多い。だが、カンヌで見た富豪たちのことを思い浮かべれば、自分はファーストクラスに乗るにふさわしい人間なのかと自問してしまう。

お金さえ出せばファーストクラスには乗れる。しかしファーストクラスというのは、それにふさわしい人間、すなわちサクセスの体現者が座る席ではないのか。自分はそうではない。それ以後も、やむをえずファーストクラスに乗ることがあるが、熊谷はそのたびに居心地の悪い思いをするのだった。

カンヌ国際映画祭という喧噪が過ぎ、年が明けた二〇〇八年になって、熊谷は大韓航空が仁《イン》川《チョン》空港から牡丹江《ぼたんこう》に空路を開設したということを耳にする。牡丹江というのは現在の中国・黒竜江省の街で、旧満州と言えばおおよその場所がわかるのではないか。旧日本軍が建設した空港を使用しているということだった。

熊谷はこの地を訪ねたいと思った。「正敏」という名前は父の実兄の名前で、この伯父は満鉄で長春から牡丹江へ向かうという手紙を最後に消息を絶つ。アメリカによる広島への原爆投下から四日後の一九四五年八月九日、ソ連が突如、南下して満州に侵攻。伯父の正敏はこのとき戦死したとされる。

時代が降り、一九六一年に熊谷が生まれるのだが、上に兄二人がおり、両親にしてみれば熊谷は予定外の子供だった。父親は深く考えることなく、戦死した兄の名前をつけたと聞くが、めったに人のことを誉めることのない父親が伯父だけは尊敬していたというから、わが子の命名にさいして相応の思いがあったのだろう。

そんなこともあり、戦死した伯父・正敏の存在が、ずっと気になっていた。機会があれば戦死した地を訪ねてみたいと思いながらもアクセスが悪すぎた。そこへ空路が開設されたという話を聞いて、熊谷は渡航をすることにした。

あとで考えると、出された冷や飯を前にして、自分の人生を振り返りたくなったのではないかと熊谷は思う。日本には言霊《ことだま》の思想があり、言葉には霊が宿るとされる。ことに名前は、画数を見て付けるように、人生を支配すると考えられている。

かつて中国や日本では実名を「諱《いみな》」と言い、本名で呼ぶのは親や主君、先生などに限られ、一般的には通称で呼ばれた。坂本龍馬の「龍馬」は通称で、諱（本名）は「直柔《なおなり》」と言った。そんな話を熊谷が本で読んだのは何歳のころであったろうか。自分の名前に興味を持ったのはそれ以来だった。

自分のルーツを知りたくなるのは大成功したときか、人生の悲哀を舐めたときと言われる。このときの熊谷はむろん後者であった。来し方を見つめることは、これからどう生きていくか、将来を見据えることにつながっていた。

熊谷は単身、韓国経由で牡丹江に飛んだ。


日本が統治していたこの地は、年配者は流暢ではないが日本語が話せた。伯父の存在については不明だが、戦闘の悲惨な様子は記憶に新しかったのだろう。子細に語ってくれる。熊谷は伯父に思いを馳せ、七十余年前の伯父と同じ空気を吸っているのかと思うだけで、感動に震えるようだった。激戦があったとする川の岸辺に花を手向け、線香を焚いて手を合わせると、不思議と気が落ち着いた。

それから年に一度、時間を見つけてこの地を訪れるようになる。墓があるわけではないので墓参ではないが、熊谷にとってはお参りだった。最初はそうと意識しなかったが、三度、四度と通っているうちに、

（伯父に呼ばれているのかな）

と感じるようになる。ひょっとして伯父は自分の守護神ではないか。そう思った。ヒラに降格になった雌伏の時代、満州で自分を見つめる時間は熊谷にとって貴重なものだっただろう。

ところが二〇一七年のゴールデンウィークのことだった。熊谷は当地の空港で入国を拒否されてしまう。ブラックリストに載っているということだった。現役のヤクザ総長ということが

引っかかったのだろう。弁の立つ熊谷のことだ。「これまで入国させておいて、なぜ今回からだめなのか」と抗議することもできただろうに、このときはあっさりと引き下がっている。その理由が、熊谷という人間を物語っている。

「伯父が〝もう来るな〟と言っているんじゃないか。そう思ったんですよ。無理して中国に入ると、当局に引っ張られてるかもしれない。そういう国ですからね。だから入国拒否は天の配剤じゃないかとポジティブに受け取った。時間をつくり、飛行機に乗り、自分でやれることはすべてやっているわけですから入国拒否は私の与《あずか》り知らぬことです。となれば、それは受け入れるしかない。そして、自分のプラスになるように考えたり行動したりすることで、ネガティブなことがポジティブに転じる」

入国拒否されたこの年、熊谷は稲川会理事長付となり、復活に向けて大きく踏み出していた。帰国の機中で五十六年の半生を回顧する。ヤクザになろうと思って生まれくる子供はいないと世間は言う。だが、来し方を振り返ると、やはりヤクザになるべく生まれてきたのではないかと思うことがある。これはヤクザに限らない。会社員であろうと、商売人であろうと、芸人であろうと、いま在《あ》る自分は無数に絡まりあった縁《えにし》の必然の結果であると熊谷は考える。

達観でも諦観でもない。現実の直視であった。

第二章

美学のルーツ

熊谷が生まれた一九六一年という時代

熊谷正敏は一九六一年、三人兄弟の末っ子として、仙台市の鉄道病院で生まれる。住まいは福島県郡山市にあったが、母親の実家がある仙台に里帰りしての出産だった。父親は東北大学を出て日本国有鉄道（現ＪＲ）に勤務しており、転勤で各地をめぐったあと本社の課長に栄転する。

熊谷が生まれる前年、日本は改定安保条約批准反対闘争で騒然としていた。六月十五日、全学連約七千人が国会に突入し、デモに参加していた女子学生の樺美智子が圧死。負傷学生約四百人、逮捕者約二百人、警察官負傷約三百人を数えた。安保条約は国会で強行採決され、岸内閣は混乱の責任をとって内閣総辞職をする。

その反動からか、翌年の世相は一転する。『上を向いて歩こう』（坂本九）、『王将』（村田英雄）、『コーヒー・ルンバ』（西田佐知子）、『スーダラ節』（植木等）、『東京ドドンパ娘』（渡辺マリ）など陽気で明日に希望をいだかせるような曲が大ヒットして巷に流れる。映画はテレビに押されつつあったが、依然と娯楽の王様であることに変わりはなく、なかでもヤクザ映画は人気の的で、『博徒』（主演・鶴田浩二）、『日本侠客伝』（主演・高倉健）などがシリーズ化されていく。

現実においても、ヤクザ組織は「岩戸景気」と呼ばれる高度経済成長を背景に勢力を伸ばし、各地で抗争事件が勃発する。一九六〇年代だけでも、『明友会事件』（三代目山口組×明友会）、『鳥取抗争』（三代目山口組×本多会系）、『博多事件／夜桜銀次事件』（三代目山口組×九州の諸組織）、『甲府戦争』（鶴政会＝後の稲川会×加賀美一家）、『岐阜抗争』（三代目山口組×鶴政会＝後の稲川会）、『グランドパレス事件』（三代目山口組×錦政会＝後の稲川会）、『広島代理戦争』（第二次広島抗争）』（打越会、美能組、小原組×山村組）、『紫川事件』（工藤組×三代目山口組）、『第一次松山抗争』（矢嶋組×郷田会）などが主な抗争史として歴史にとどめる。

敗戦から十六年。戦後の復興を遂げた日本はさらなる成長に向け、社会の表も裏も煮えたぎる釜の活気を呈していた。熊谷が生まれた一九六一年は、そういう時代だった。

末っ子は甘やかされて育つものだが、熊谷は違った。少なくとも当人はそう思っている。母親は長男を、父親は次男を可愛がり、自分はかまってもらえなかったと振り返る。用事で外出するときは、たいてい末っ子を連れて行くものだが、両親は兄二人を連れ、幼い自分に留守番をさせていたと言う。

食事も兄弟で差があった。長男には牛肉、次男は豚肉、そして末っ子の熊谷は鯨肉《げいにく》だった。

「なんで僕だけ鯨《くじら》なの」

熊谷が口を尖らせると、

「お兄ちゃんたちは身体も大きいし、勉強もしなくちゃならないからね」

母親はそんな言い方をした。牛肉は高価で、次いで豚肉、鯨肉と順に安価になっていく。いまでこそ漁獲量の関係から鯨肉は希少価値になっているが、当時は〝肉〟の代用品だった。

洋服も当然、兄たちのお下がりだ。新品《さら》を着たのは、後にも先にも一度だけだった。国鉄に勤めていたことから、無料の乗車券が〝家族パス〟として年に一回支給され、それで家族旅行をする。何歳のときだったか熊谷の記憶にはないが、このとき新品を買ってもらい、袖を通したときの嬉しさは生涯忘れられないと言う。親としては末っ子を意図して可愛がらなかったというのではなく、上の二人が優秀だったのでどうしても関心がいってしまい、下まで手が回らなかったのかもしれないが、長男、次男、末っ子という序列が厳然として確立されていた家庭環境であった。

人格は家庭環境で形成される。少なくとも影響することは確かだ。熊谷の渡世を貫く価値観は「10のものは10に見せればいい。盛って見せる必要もなければ、過小に見せる必要もない」というものだ。フランス人ジャーナリストのクロード記者の取材を受けたとき、あるいはル・フィガロ紙の取材を受けたとき、

「自分はたいした話はできない」

「私は大ボスじゃなく、ミディアムクラスのボスに過ぎない」

と、等身大の自分を述べ、「それでよければ」と念を押している。

こうした処し方は、ミエとメンツで渡世するヤクザ社会では珍しいことで、彼らの多くはうんと自分を誇張するか、誇張の裏返しとして極端に過小評価してみせる。熊谷が等身大の自分にこだわる萌芽は、すでに幼少期に見ることができる。

熊谷が、問わず語りにこんなことを話した。

「友達の家に遊びに行くと、私は玄関でちゃんと靴をそろえるんです。誰に教わったわけでもないのに、自分の靴だけじゃなく、脱ぎ散らかした友達の靴もちゃんとそろえてから〝お邪魔します〟と言ってね。お母さんがジュースを出してくれると〝ありがとうございます〟と、きちんとお礼を言う。なんで自分はそうしていたのか、小さいころのことをふと振り返ったりするんだけど、よくわからない。ただ、私の態度を見て友達の母親が〝しっかりしているわね。

長男なの？〞ときいたことを覚えている。〝いえ、三人兄弟の一番下です〞と答えると、にっこり笑って〝そうなの、末っ子なの。じゃ、お父さん、お母さん、可愛がってくれるんでしょう〞ってね。そう言われて、とてもつらい思いをした記憶があります」

可愛がってもらってもいないのに、友達の母親は過大評価し、可愛がられているものと思い込んでいる。長男でもないのに、しっかりしているからという理由から長男に見られてしまう。

10の自分が、12にも15にも盛って見られることに気分をよくする人間もいるだろうが、熊谷は居心地の悪い思いをし、その場を逃げ出したくなるのだった。一緒に遊ぶなど兄弟仲はよかったが、三人のなかで自分だけがないがしろにされているようなコンプレックスが拭いがたくあり、それが分際を超えて誉められるということに無意識の抵抗を覚えるのだろう。

肩で風切るヤクザになっても、熊谷はそのことを引きずっていく。自分のことを誇張して語ろうとしないのは、長じて獲得した謙虚さだけでない。虚構《バーチャル》に対する嫌悪感が常に心の奥底にあり、熊谷がリアルにこだわる理由は、そこにあった。

「弁明しない」という美学

ヤクザ社会の隠語で、自白することを「歌う」という。根性も責任感もないハンパ者として蔑(さげ)まれる。個人の犯罪であるのならともかく、抗争事件やシノギは組全体でかかわっているため、一人の自白は芋づる式に逮捕者を出すことになる。したがって黙秘こそ、ヤクザがヤクザであるための絶対条件のはずだが、自分が助かりたい一心でペラペラ歌う組員は少なくない。人間の弱さと言ってしまえばそれまでだが、黙秘を貫くのは「弁明しない」ということであり、「罪を背負う」ということから相当の覚悟が求められる。

熊谷は幼少のころから、歌うということに抵抗感を覚えた。

小学校一年生のころだから、沈黙に対して明確な目的意識はなかったろうが、こんなエピソードがある。

郡山市の国鉄官舎に住んでいるころのことだ。通りを挟んだ向かい側に、熊谷の二歳年上の兄の同級生が住んでいて、その少年が線路に置き石をしたのである。重大事故につながるということに考えが及ばない子供のいたずらだった。熊谷は家の前からそれをじっと見ていたが、少年はそれに気づかず、バラスト（石）を一個ずつ手に取って二十個ほど並べていく。デゴイチの愛称で親しまれた蒸気機関車のＤ51が動輪の金属音を響かせながら、客車を牽引して走ってくる。少年は急いで姿を消した。列車の運転手が線路の置き石に気づいて急ブレーキをかけ、置き石の手前で緊急停車した。

大問題になった。すぐそばに国鉄の官舎。年格好はハッキリしなかったが、子供が線路上にいたことを運転手は遠目に見ていることから、どうやら国鉄職員の子供らしいということになった。疑われたのは、家の前に突っ立っていた熊谷である。

「正敏！　あんたなの！」

母親が問い詰めるが、熊谷は黙ったままで否定も肯定もしない。

「怒らないから正直に言いなさい！」

業を煮やすが、それでも熊谷は黙っている。小学一年生だ。自分がしでかしたことに恐れをなし、返事もできないと母親は考えたのだろう。手こそ上げなかったが、烈火のごとく怒り、後にも先にもあれほど叱られたことはないと熊谷が言うほどの叱り方だった。

「おまえはどんな教育をしているんだ！」

その夜、帰宅した父親は母親を怒鳴りつけた。


では、なぜ熊谷は、「僕じゃない」と言わなかったのか。

「もしそう言えば、〝じゃ、やったのは誰だ〟ということになる。私は置き石の近くに立っていましたから〝誰がやったか見ていただろう〟と問い詰められてしまう。そうなれば兄貴の友達の名前を出さなくちゃならなくなる。それが、なぜか子供心に嫌だった。〝見なかった〟と言えば、〝やっぱりおまえがやったのか〟ということになってしまう。だけど、やっていないものを〝やった〟と言うのはウソになる。ウソはつきたくない。肯定も否定もできないとなれば黙っているしかない」

年端《としは》もいかない小学一年生がとる態度だろうか。普通の子供なら「僕じゃない」と言って泣きじゃくるだろう。誰がやったのかと詰問されれば素直に話す。自分を犠牲にしてまで兄の友達をかばうという発想はなかったろうし、密告《ちくる》という後ろめたさを感じる年齢でもない。

このときの心情は、熊谷にもよくわからないが、自分の口が堅くて黙っていたとはいまも思っていない。自分に恥じなければ事実を人に知ってもらえなくてもかまわないとする。これは性分としか言いようがないのかもしれない。

だが、人間は人との関わりのなかで生きていく。人がどう思おうとかまわないという生き方は、周囲から浮いてしまうことになる。

熊谷は小学三年生のとき、父親の国鉄本社栄転で川崎市に一時滞在してから現在、十一代目総長として事務所を構える東京都品川区大井町に転居。国鉄官舎に住み、ここを地元として育つ。その後、曲折を経て西山組で部屋住みとなるが、礼儀正しくはあるが人なつこさに欠ける熊谷は、先輩から可愛がられることもなかった。

いじめられっ子であった

現在の大井町駅は京浜東北線、りんかい線、東急大井町線が乗り入れ、駅の周辺はイトーヨーカドー、ヤマダ電気、アトレ、阪急大井町ガーデンといった大規模な商業施設のほか、高層マンションが建ち並ぶ。東京駅から各駅停車の電車で十五分、大井町駅から品川区役所まで徒歩数分という品川区の中心拠点となっているが、終戦時の一九四五年、大空襲で一面焼け野原になり、戦後の駅一帯は闇市になっていた。大井町は闇市の再整備によって発展した街である。

現在でも、戦後の闇市の雰囲気を残す飲食店街があり、リニア中央新幹線の拠点となる品川駅からわずか三分でありながら、近代とレトロな雰囲気が共存する地方都市の味わいがある。

熊谷が引っ越してきた当時は、細い路地が迷路のようになった飲食店街に娼婦が立っていた。猥雑さと人々の生きるエネルギーが渾然一体となった街――それが大井町だった。

それだけに暴力事件も多く、この一帯を仕切るのはいまも当時も碑文谷一家で、この地でヤクザと言えば傘下の西山組を指した。

当時、母親はこういって熊谷に注意する。

「いいかい、正敏。あそこにヤクザの事務所があるから絶対に前を通っちゃだめだよ」

そういう土地柄だった。

まさかその西山組にわが子が入り、碑文谷一家の総長になろうとは、このとき母親は想像だにしなかったろう。

熊谷は編入した小学校で陰湿ないじめにあう。東京都の南西に位置する大井町は他県からの移住者が少なく、東北訛りのある田舎者は〝異物〟としてアレルギー反応を起こしたのだろうと、熊谷は振り返って言う。ヤクザの多くは、子供時代から手のつけられない暴れん坊だったと、武勇伝は遠く子供時代に遡《さかのぼ》って得々と語るものだが、熊谷はいじめられっ子であったことを隠さない。


転校して早々、ガキ大将にコブラツイストというプロレスの技をかけられた。痛かった。ガキ大将にしてみれば「助けて！」と哀願させることで膝下に組み敷くつもりだったのだろうが、熊谷は耐えた。向こうが勝手に仕掛けたことに対して、助けてくれとお願いするのはおかしいと思ったのだった。

哀願しない熊谷を放置すれば、ガキ大将としての沽券にかかわってくる。

「あいつとは口をきくな。口をきいた奴は同じことをするからな」

とクラスの全員に命じ、「無視作戦」と呼んだ。

これはきつかった。暴力の痛さは我慢すればいい。ところが無視はそうはいかない。教科書を忘れても、隣に座る子はガキ大将の報復を恐れて見せてくれない。遠足に行ったときは悪ガキ連中が熊谷の弁当に砂をかけたが、誰も止めてくれない。ポツンと一人、みんなと離れたところに座って砂の混じったご飯を食べた。口の中で砂がジャリジャリと音を立てた。

担任は見て見ぬふりをしていた。いじめが社会問題になるのは近年のことで、当時の教員にそこまでの問題意識は希薄だった。高度経済成長をひた走る当時の日本は、会社では社長が、学校ではガキ大将が好き勝手にふるまい、力のある者、立場が上位にある者を頂点とするヒエラルキー社会であり、そのことに疑問を持つことはなかった。くやしかったら出世しろ、くやしかったらもっと強くなれ。そういう時代だったのである。

一週間を頑張り、土曜日になると気持ちが楽になった。明日は学校へ行かなくていいと思うだけで、学校から帰宅した午後は心が浮き立った。ところが日曜の夜になり、六時半から始まるテレビの『サザエさん』を見終わると、

(もう七時か)

翌朝の登校のことを考えると気持ちがふさいでくる。このあとロート製薬の提供で人気だった『アップダウンクイズ』を見て、やがて九時の『日曜ロードショー』が始まる前になると、

「正敏、早く寝なさい」

母親の急かす言葉が胸に突き刺さる。これが毎週、繰り返されるのだった。『サザエさん』は現在もテレビで放送されているが、テーマ音楽を耳にすると、いまでもつらかった当時を思い出すという。

いま思えば登校拒否になってもおかしくなかった。だが、逃げることを許さない自分がいた。

「いじめ回避」のカギは自分自身にある

いじめへの対処法で手っ取り早いのは、体制側にすり寄ることだ。ガキ大将の機嫌をとり、ゴマをすり、仲間として末席に置いてもらい、パシリの立ち位置に甘んじれば、いじめからは解放される。熊谷にはゴマをするという発想そのものがなかった。自分に非があると思えば、ガキ大将に頭を下げるが、自分は間違ったことをしていないと思っている。ゴマをする理由がないからそうしないだけのことだった。いじめのつらさと、ゴマをすることの屈辱とを天秤にかけ、いじめのつらさに耐えることに針は傾いていたのだった。

問題は忍耐にも限度があることだ。耐えきれなくなったときにどうするか。プライドから親にも兄にも苦衷を打ち明けられないとなれば、自死に究極の解決を求めるか、それとも元凶に勝負を挑むかしかない。

自死は、熊谷にしてみれば論外だった。悪いのはガキ大将であって、自分が命を断つ理由がない。高学年になるにつれ、この境遇から脱するにはガキ大将と一戦交えるしかないと腹をくくるようになる。

小学五年生になって熊谷は勝負をかける。砂場に呼び出した。ガキ大将は余裕の笑みを浮かべて対峙した。熊谷は相手の腹をめがけて頭から突っ込み、倒れたところをブン殴った。目に当たって勝負は呆気なくついた。こうしてガキ大将の恐怖政治から解放されたクラスメートたちは熊谷を仲間として迎え入れる。

いじめは子供に限らず、会社でも厳然と存在する。上司によるパワハラであったり、職場での無視であったり、陰口であったり、いじめは組織という閉鎖社会についてまわる。いじめる側に非があることは言うまでもないが、学校ならいざ知らず、「職場でいじめにあっています」と会社に訴えて、それで解決するものでもない。いじめに対する大人社会での選択肢は三つ。耐えるか、会社を辞めるか、居直るかだが、どれを選択しても結局、自分のアクションでしか問題解決の糸口はないということに気づくべきだ。自己責任に帰着する考え方に異論があるのを承知で言えば、「いじめ回避」のカギは自分自身が握っているということなのである。

会社で必要とされる人間はリストラしない。頼りとする部下をいじめる上司もいない。ならば、そうなるべく努力をすればよい。これが大人社会であり、いじめられるかどうか、無視されるかどうか、見下されるかどうかは、当時者にも一因があるということなのだ。繰り返しておくが、いじめる側に非がある。このことは論議の余地はない。だが、正論は所詮、〝蟷螂《とうろう》の斧〟であり、現実において、いじめを克服するには自分で行動を起こすしかないというのもまた、厳然たる事実なのだ。

熊谷は意を決してガキ大将に挑んだ。恐怖もあっただろう。だがこの体験を通して、自分と向き合うこと、自分と戦うこと、そしてすべての問題は自分に帰結するということを熊谷は体験として学んだのだった。

世田高の掟

地元中学へ進んだ熊谷は、学業優秀だった兄二人の反動からか、勉強が好きではなく、成績は芳しいものではなかった。親も勉強については口やかましく言わなかった。不良とまではいかなかったが、学業に落ちこぼれた生徒がたいていそうであるように、制服や帽子をいじるなどしていた。傍目にはヤンチャな生徒に見えただろう。

高校は、世田谷区三宿にある世田谷学園に進学する。スポーツの強豪校で、現在は進学校としても知られるが、当時は、熊谷の言葉を借りれば、素行に問題のある生徒も少なくなかったことから、世田高をもじって「ヨタ高」と呼ばれていたという。経営母体は曹洞宗。一五九二年、曹洞宗吉祥寺の学寮として創始され、一九〇二年、私立学校令に準拠して曹洞宗第一中学と改称、この年を創立の年とする。「ヨタ高」と呼ばれはしたが、由緒のある高校だった。

入学早々、二年生たち数人に呼び出しをかけられ、「世田高の掟」の洗礼を受ける。小生意気な新入生にヤキを入れる〝伝統行事〟だった。三人が生贄《いけにえ》にされた。

「正座しろ」

命じられて二人はすぐさま畏《かしこ》まったが、

「あのう、どうして正座しなくちゃならないんですか?」

熊谷が真顔で問いかけた。逆らっているのではない。自分が正座しなくてはならない正当な理由があるなら、もちろんそうする。だから教えて欲しいという意味で口にしたに過ぎないが、そんな理屈が通じるわけがない。

「どうしてもクソもあるかい!」

尻を蹴りあげて、

「てめぇ、世田高のしきたりを知らねぇか!」

「知りません、入学したばかりですから」

「この野郎、口答えするのか！」

二年生の一人が椅子を振り上げると、角のところで熊谷の頭をカチ割った。血が噴水のように吹き出るが手加減はしない。二年生たちは殴る蹴るの暴行を加えた。あとの二人は殴られながら「すいません、すいません」と土下座して詫びている。熊谷は痛みよりも、なぜ彼らは謝るのだろうと、そっちのほうが気になっていた。

熊谷という男はその行為、その命令、お詫びといったものが理屈に合っているかどうか常にこだわる。だが、新入生が「納得」にこだわるのは、上級生にしてみれば反抗以外の何ものでもあるまい。

熊谷が血まみれのボロ雑巾にされたところで、

「よし、もうやめろ」

成り行きを見守っていた先輩が制してから、

「おまえ、地元どこなんだ?」

ときいてきた。

熊谷の態度からただ者ではない、と見たのだろう。素性を確認しておかないと、あとから面倒な事態にならないとも限らない。

「大井です」

「なら、××を知っているか？」

と名前を口にした。

「先輩です」

「そうか」

うなずいて、

「そこいらでやめておけ」

と言った。当時の大井町や蒲田といった城南地区は錚々たるワルを排出しており、人間関係が複雑に入り組んでいたのだった。

こうして「世田高の掟」は終わった。これをきっかけにして、この先輩は目をかけてくれるようになるのだが、熊谷は結局、最後までなつくことはなかった。自分にその気はなくても、虎の威を借りているようで、つき合うことに釈然としない思いを持っていたからである。

意に反して頭を下げればメンツを失う

ヤクザだからメンツにこだわるのか、メンツにこだわる男がヤクザになっていくのか。熊谷の話を聞いていると、そんなことを思ってしまう。熊谷はメンツにこだわる。ただし、人と関わる上でのメンツではなく、自分自身に対峙してのメンツである。

たとえば誰かともめたとする。頭を下げて赦しを請えば対人関係においてメンツを失うことになる。だが熊谷は、非が自分にあると納得すれば頭を下げることに躊躇《ちゅうちょ》しない。メンツにはこだわらない。

反対に、自分は悪くないとなれば絶対に頭を下げない。意に反して頭を下げれば、自分に対して、メンツを失うからだ。自分に妥協のない性格は結果としてトラブルを呼び込むことになる。

国士舘高校の生徒たちとのケンカ沙汰である。

熊谷の通学路は大井町駅から大井町線で二子玉川駅へ出て、そこから新玉川線（現・田園都市線に統合）に乗り換えて三軒茶屋で降車。徒歩で三宿の世田谷学園へ向かうものだった。

朝夕、新玉川線で国士舘高校の生徒と乗り合わせた。国士舘高校は当時、粗暴な高校としてその名を関東一円に轟かせており、通学に使用する路線名を冠して一家を名乗り、徒党を組んで睨みを利かせていた。国士舘の制服は独特でボタン部分が蛇腹《じゃばら》になっているため、遠目からでもすぐに同校の生徒と知れる。二十人ほどが徒党を組み、乗り換えの駅の二子玉川駅から一車両を独占するようにして乗り込んでくる。

他校の生徒はトラブルを恐れて別の車両に乗るが、熊谷はそうはしなかった。彼ら専用の車両であるなら筋が通っている。だから移動もするが、そうではない。車両を避ける理由がないにもかかわらず、自主規制する自分に納得がいかなかった。

加えて当時の熊谷は、頭髪の両サイドを短くしてストレートパーマをかけ、学ランの襟は野暮ったくならない程度に少し高く仕立て、ストレート系の裾幅の広いズボンを穿いていた。当然ながら彼らは熊谷に目をつける。堂々と〝専用車両〟に乗っていること自体、気にくわないことだったろう。

「よう、その学ラン、ずいぶん長いじゃねぇか」

肩を揺すってちょっかいをかけくる。

「お宅、先生?」

「なわけねぇだろ」

「先生でもないのに、他校の生徒にあれこれ言われる筋合いはないんじゃない?」

このあたりの切り返しが熊谷流で、相手は返答に窮する。理詰めで攻めていけば、いきなり実力行使というわけにはいきにくい。ヤクザの抗争事件も国家の戦争もそうだが、自分たちの行為を正当化する「錦の御旗」がなければ、問答無用で武力行使には踏み切れないものだ。熊谷はそこまで心理を読み切ってのことではなかったのだろうが、理不尽なことに対して「なぜ」で切り返し、同じ車両に乗り続けた。

こうした状況が何日が続いたある日のことだった。下校の電車で、登校時に顔を見知った国士舘の生徒と乗り合わせた。熊谷を見てあわてて背を向けたので、熊谷がつい余計なことを言ってしまう。

「おまえ、一人のときは何も言わないのか」

この生徒は無言のまま、二子玉川駅に着くや、逃げるように乗り換えていった。

そして翌朝、熊谷は登校時の電車で国士舘の生徒たちに取り囲まれる。

リーダー格が凄む。

「おまえ、ウチの人間を可愛がってくれたらしいじゃねぇか」

「可愛がってないですよ。〝今日は何でおとなしいんだ〟ってきいただけです」

「バカ野郎！　それを可愛がってるって言うんだ！」

一対二十余名。この危機を横目に、世田高の先輩たちが無言で通り過ぎていく。それが熊谷にはショックだった。先輩ということで、筋を通してこれまで挨拶をしてきた。それが後輩の危機に知らん顔である。腹立たしさよりも、我が身可愛さ、身勝手さを思い知らされて悲しくさえなった。

と同時に、いまの危機は、昨日、自分が一人の生徒に余計なちょっかいを出したことに起因することにホゾを噛む。口実という「錦の御旗」を彼らに与えてしまったのだ。軽はずみな一言が招いた危機である。ヤクザになってのち、熊谷は数多くの〝掛け合い〟（談判）に臨むが、言葉の持つ恐さを思い知ったのは、おそらくこのときが最初であったろう。

幸いにも、たまたま通りかかった世田高の上級生で空手部の猛者が間に入ってくれ、何とか事なきを得た。

「おまえ、よく連中に頭を下げなかったな」

空手部の猛者が熊谷の態度に感心すると、

「謝る理由がなかった。それだけです。目線《ガン》を飛ばしたというならわかります。飛ばした自分が悪い。謝ります。だけど顔つきが生意気だとか、態度がどうだとか言われても、顔は変えることができないじゃないですか。謝ることはできません。学ランだって、自分が何を着ようが、彼らには関係ないじゃないですか」

饒舌になったのは、この先輩ならわかってくれるという思いがあったのだろう。

「そうだよなあ」

と先輩はうなずきはしたが、言葉の響きから察して、自分の気持ちをどこまで理解してくれたか、熊谷はいささか心許ない気がした。

熊谷は、「かくあるべし」という価値観にもとづき、それに現実を当てはめていく。木の葉は浮いて石は沈むべきものである以上、「木の葉が沈んで石が浮く」という真逆の現象は決して受け入れることはできない。現実に理不尽はつきものだが、「それは現実のほうが間違っている」として切り捨てる。

理想なきトップに人望はない。現実に押し流されるトップに信頼はない。だが、理想に殉じ、現実に抗《あらが》う部下や社員は使いにくい。部下の処し方とトップのそれとに厳然と隔たりがある以上、部下や社員の価値観の延長上にトップの処し方があるのではないということになる。この現実をどう学び、いかに体得し、自己の哲学として昇華させていくか。社会の表裏を問わず、トップに問われる資質の一つということになる。

日の丸弁当とカンパというカツアゲ

熊谷家は、祖父も父親も日本国有鉄道（国鉄）に奉職した。国鉄は政府が百パーセント出資する公社（特殊法人）で、全土をレールでつなぐ国鉄はまさに〝日本経済の血管〟であり、「国鉄一家」として結束が固くプライドがあった。

その象徴とも言うべきものが制服制帽で、熊谷には制服に対するあこがれが小さいときからあった。将来の職業として警察官と自衛官を漠然と考えていた。防衛大学は学費が不要であることを知り、横須賀まで見学に行っている。兄二人と違い、親に小遣いすらもらえなかった末っ子は、大学の学費まで出してくれるとは思っていない。それで学費がかからず、しかもカッコいい制服の防大にあこがれたのだった。

熊谷にその意識は希薄だったが、結果として非行の道に入っていく引き金は、意外にも昼食の弁当だった。ここにも複雑に絡まり合う縁というものの不思議さがあった。

熊谷が母親から昼食用に持たされたのは〝日の丸弁当〟だった。ご飯の真ん中に梅干しが埋め込んであり、それが日の丸みたいに見えた。戦後間もない時期、日本が貧しかった時代の象徴としてそう呼ばれたものだった。これにピンク色をした澱粉《でんぷん》の甘いふりかけがパラパラとかけてある。おかずは一切なし。

経済が豊かになっていた当時、クラスメートのほとんどが二段重ねの弁当だった。一段目はご飯、二段目はおかずで、鳥の唐揚げ入っていたり、卵焼きが入ってたり、レタスだ、トマトだ、ウィンナーソーセージといったものが詰めてある。弁当箱もプラスチック。熊谷だけ、昔ながらのアルマイトの平べったいものだった。恥ずかしくて、カバンを机に置いて隠して食べていた。どんな弁当であれ、堂々と食べてこそ、我は我なりの気概を持つ熊谷ということになるのだろうが、恥ずかしがってカバンで隠すところに思春期の心情が見てとれる。

なぜ母親はそうしたのか。兄二人に学費がかかるということもあったのかもしれないが、彼らには決して〝日の丸弁当〟は持たせていない。なぜ自分だけそうだったのか、熊谷自身、いまもって母親の真意が理解できないでいる。

「お袋が生きているときに聞いておけばよかった」

と語りつつも、

「だけど私を憎んでいたわけでも、わざとそうしたわけでもないんだろうと思っているんですよ。末っ子ということであまり神経をつかわなかったんじゃないかな。きっと、そういうことなんでしょう」

と語るのは、熊谷の、子を持つ親の立場が言わせる言葉だろうか。

やがて〝日の丸弁当〟を持っていくことに耐えきれなくなった熊谷は、思い切って母親に談判する。

「弁当はもう嫌だ。恥ずかしい」

「正敏、おまえはわがままを言うのかい」

「わがままじゃない」

「親にさからうのをわがままと言うんだ」

「頼むからパンにしてくれ。学校のそばの店で売ってるんだ。そこで昼を買って食べてる生徒は何人もいる」

押し問答が続き、

「そこまで言うんだったらパンにすればいい」

母親は匙《さじ》を投げるように言って、昼食代として百五十円を渡すことになる。結果としてこれが、熊谷の〝不良化〟に拍車をかけることになるとは、母親はもちろん熊谷自身も思いも寄らないことだった。

百五十円という金額は厳しかった。パンは、コロッケやハムカツなどセットになった二種があり、これにポテトサラダがついてそれぞれ百五十円。牛乳が五十円だから二百円が最低ラインだった。

母親にそう説明して値上げを交渉すると、母親は言った。

「正敏、学校には水道がないのかい?」

パンが喉につかえるのなら水を飲めばいい。そういう理屈だった。そのころいたずらでタバコを吸い始めていたので、タバコ銭も必要だった。パンのほかカップ麺も売っていたが、これが九十円。お湯を入れると十円を取られるため百円がかかる。

昼飯をカップ麺に切り替えてもタバコは買えない。どうするか。不足分はカンパで集めるしかないと熊谷は考えた。

恐喝《カツアゲ》である。

帽子を持って全クラスを回った。気の弱い生徒であれば何も言わなくてもすんなり出してくれたが、世田高は当時、ヨタ高と呼ばれた男子校の時代。ヤンチャな生徒も少なくなく、入学して日も浅いとあって、お互いが〝値踏み〟しているころである。

そこへいきなり、

「カンパ頼むよ」

と言って帽子を差し出せば、

「誰だ、おまえ」

険しい顔をする者も当然いる。

「B組の熊谷というんだ」

「なんでおまえにカンパしなくちゃならねぇんだ」

「そう言わないで、気持ちよく出してくれよ」

「何だと！」

殴り合いにもなれば、いきなり胸ぐらをつかまれたり、「廊下へ出ろ！」と引きずり出されたりもするのだった。

「人格」は何によって評価されるのか

学内での恐喝は、不良と認知されている生徒がすることだ。「あいつはヤバイ」という認識のもとに恐喝は成立するものであって、「おまえ、誰だ」と問われるようでは、恐喝する条件を満たしていないということになる。

だから新入生は伝手を頼って不良グループの末席に連なろうとする。パシリであっても、グループの一員であるというだけで学内の認知度を満たすため、恐喝はスムーズにいく。ヤクザの代紋を「金看板」と言ったり、「代紋を磨く」といった言い方をするのは、組織の象徴たる代紋の威光が強ければ強いほどシノギがやりやすくなるためだ。

表社会において、ビジネスマンは名刺で仕事をするなと言われる。会社名という看板で仕事をしていたのでは、いざ一人になったときに取り引き先から相手にされなくなるという意味だ。言い換えれば名刺によって仕事はやりやすくなるということであり、「名刺を活かせ」という逆説でもある。

ところが熊谷は不良グループには入っていない。「世田高の掟」でヤキを入れたグループに連なることを潔しとしなかったこともあるのだろうが、理不尽なことでさえ、上級生の命令に盲目的にしたがう上下関係が性格的に合わなかったのだろう。兄二人との差別感のなかで育ってきた家庭環境、そして転校先での陰湿ないじめなどの経験を通して、結局、人間はどういう立場にあれ、自立して生きていかなければならないのだという価値観が形成されていったのかもしれない。

こういう性格は可愛げがないように誤解されるため、世渡りには苦労する。だが、そのことに熊谷が気がつかないわけではない。帽子をまわし、身体を張ってカンパに苦労する熊谷とは対極にいる生徒がいた。

その生徒は親から昼飯代に五百円をもらっていたが、その金を持ってこないで、昼飯の時間になると、

「おっ、うまそうだな。ひとつもらうよ」

と言いながら席をまわる。体《てい》のいい恐喝《カツアゲ》だが、マイルドにやるからトラブルにならない。こうして昼食代を貯めておいて、洋服を買ったり週末のデート代にしていた。

熊谷は、こういうやり方があるのかと関心したが、真似はできなかった。問答無用で取るか、最初から取らないか二つに一つ。「うまそうだね」なんて調子のいいことは言えないと思う一方、彼は彼で努力していると認めるのだった。

「良い悪いじゃなくてね。自分がそうするかしないかだけで、いろんなタイプがいて人間社会

じゃないですか」

そんな言い方をするが、小賢《こざか》しい人間に対する熊谷の痛烈な皮肉に聞こえてくる。生き方に是非を問わないのであれば、人格は何によって評価されるのか。「いろんなタイプがいて人間社会」という熊谷の言葉は鋭い逆説になっているのだった。

熊谷のカンパ活動が校内で問題になり、担任と生活指導による学内調査の結果、二十七人の生徒が被害を認めた。一学期が終わるのを待たずして停学処分になる。

熊谷は反省した。カンパを反省したのではない。縁あって同じ高校に通う仲間から強要するのは道義的によくないということに気がついた。悪気はなかったではすまされまい。家庭内に居場所を見つけることのできなかった熊谷は、孤高を志向しながらもその反動からか、仲間意識が強かった。これは組を立ち上げてからも終生変わらぬ生き方になる。

仲間からカンパの強要をやめた熊谷は渋谷の盛り場に出る。他校の生徒から集めるのは当然、リスクも高くなる。恐喝とケンカを繰り返しているうち、世田谷の経堂駅で被害生徒が一一〇番通報。逮捕、補導され、熊谷は無期停学になる。

さらに高校一年の冬にも他校の生徒とのケンカで問題を起こし、今度は世田谷学園を運営する曹洞宗の大本山・永平寺に一週間の〝強制研修〟に送られた。同じように問題を起こした他県の生徒たち六人と一室に起居し、底冷えのする朝三時から坐禅が始まり、夜九時の消灯まで息つく暇もなく課題に追われる。そして消灯後、若い熊谷たちが眠れぬまま雑談をしていると、若い修行僧たち六、七名がいきなり暗い部屋に乱入してくるや、熊谷の頭に毛布を被せ、殴る蹴るの暴行をはたらいたのである。

頭にきたが、消灯後の雑談禁止の規則を破ったということにおいて、非は自分にある。そのことは熊谷も認める。しかし、規律違反したときには殴る蹴るをしていいとは、規則のどこにも書いていない。修行僧たちにしてみればストレスもあるだろうし、不良学生が気に入らないこともあったのだろう。

「三時に叩き起こしにくるぞ」

と捨てゼリフを残して部屋を出て行った。

熊谷は寝たふりをして三時を待った。オトシマエをつけるつもりだ。事件になるだろうが、彼らの暴行が許されて、自分のそれが許されないとなれば、これは永平寺の問題になると踏んでのことだった。修行僧たちは察するものがあったのだろう。叩き起こしに来なかったことで、熊谷は無事、一週間の〝強制研修〟を終えて山を下りるが、それで素行が直ったわけではない。

（他校とケンカして問題になっても、一週間ほど永平寺で辛抱すればいい）

と思った。ペナルティーでは人間は反省することはない。ペナルティーは、それと引き替えることで免罪符になると、このとき思ったのだった。

なぜ将来の進路希望を「警察官」としたのか

何とか二年生に進級できた。

恐喝は自粛し、週末はたまにビル清掃のアルバイトをして小遣い銭を稼ぎ、それでパチンコに通ってタバコなど必要なものを手に入れた。パチンコに行くのは必ず放課後で、授業をサボることは絶対にしない。勉強はしなかったが、「世田谷学園の生徒である以上、校則は守る」というのが、熊谷の自分に対する筋の通し方だった。

卒業後の進路希望は、このころすでに警察官に決めていた。素行は不良がかっていても、自分が納得して受け入れた校則や規則、責務は徹底して遵守する。

こうした性格で、しかも制服に対するあこがれを持つとなれば、熊谷が警察官を志向するのは当然だったかもしれない。

あとで記すように、本気で警察官になろうとした熊谷は曲折を経てヤクザになる。ヤクザと警察官は立場こそ対極に位置するが、「私《し》より公《こう》」「職責に殉じる」といった価値観や矜持《きょうじ》、責務、ヒロイズムにおいて両者は同質のものがある。

一学期が終わり、夏休みも無事に過ぎ、修学旅行の九月を迎えた。行先は鹿児島、熊本、長崎、阿蘇山など九州全土をめぐる五泊六日のコースだった。二年時から担任になったS先生は空手部の顧問で、二十代後半。自身も空手が強く、男気があり、熊谷は好きな先生だった。S先生も熊谷の一本気な性格を見抜いていたのだろう。何くれとなく目をかけてくれていた。

長崎では平戸に宿泊するが、ここはS先生の生まれ故郷であった。

「熊谷、釣りに行くぞ」

宿泊した翌朝早く、S先生に叩き起こされた。手に二本の釣り竿を持っている。堤防から二人は釣り糸を垂れた。お互い口数は少なく、何を話すでもなかったが、S先生は小、中、高校を通して、熊谷が心を許した唯一の教師だった。

朝食をすませ、一行はバス四台で阿蘇の草千里に向かう。草千里は二千六百坪ほどの大草原で、雨水が溜まってできた池が美しく、阿蘇山の中岳を望む絶好の地として観光の人気スポットになっている。修学旅行の定番コースとして、観光バスがずらりと駐車してある。

事件はここで起きた。

十数台のバスに分乗した他校の修学旅行生と遭遇したのである。草原には道がない。世田高の十人ほどの生徒が鉢合わせになった。何やら言い合っている様子が遠く離れた熊谷たちの目に見えた。不気味な〝黒い軍団〟だった。

いきなり世田高の十人がいっせいに駆け出した。熊谷たちのほうに向かって全速力で逃げてくる。背後を〝黒い軍団〟が猛然と追いかける。

「やべぇ！」

熊谷たちも泡を食った。夢中で駆け出す。自分たちのバスを必死に探すが、観光バスはどれも同じに見える。コマネズミのようにあちこち走りまわる。〝黒い軍団〟が何やらわめきながら濁流のようになって追走する。やっとバスを見つけて車内に飛び込む。〝黒い軍団〟がバスを取り囲んだ。

運転席の真後ろに座っていたS先生は事態をさとった。

「窓を閉めろ！」

凛とした声で命じた。

何やら外でわめいている。関西弁だった。ワルとして知られる大阪の工業高校だったことをあとで知る。取り囲まれているためバスは発車できない。窓枠に手を掛けてよじ登ろうとする者もいる。相手校の先生の姿が見えない。止めようにも止められないのだろう。〝黒い軍団〟は数を増している。携帯電話のまだない時代。警察に通報もできない。このままでは大変な暴力事件になる。運転手は震え、バスガイドが泣き始めた。

S先生が立ち上がるとブレザーを脱ぎ捨てた。

「熊谷、俺に続け」

押し殺した声で言った。

リーダーシップとは何なのか

（えッ！　俺かよ！）

突然、名前を呼ばれ、口から心臓が飛び出しそうになった。連中は群集心理で殺気立っている。半殺しにされるか、場合によっては命だって落としかねない。熊谷の頭の中は真っ白になったが、足が勝手に動いていた。

熊谷がそばに立つと、S先生が小さくうなずいてから、運転手に言った。

「ドアを開けてください」

「し、しかし先生」

「大丈夫です。責任は私が取ります」

熊谷を従えて外に降り立ったS先生が、仁王立ちになって叫んだ。

「頭《あたま》は誰だ！」

一瞬の間があり、

「わしゃ」

という声に続いて、〝黒い軍団〟の中から生徒が進み出た。

(えっ、この子が?)

熊谷は我が目を疑った。小柄で、頭髪を真ん中分けにしてノーマルの学生服を着ている。ほかの連中はリーゼントや角刈り、モヒカン刈りで、学ランは当時はやっていたボンタンだったが、彼はどこから見ても普通の生徒だった。

S先生が言った。

「このままどかないのなら、俺とおまえと一対一で勝負しよう」

S先生の度胸に感ずるものがあったのだろう。一瞬の間があって、

「わかった、連中を引かせる」

軽くうなずくと、背後を振り向いて、

「みんな、開けたらんかい!」

同時に〝黒い軍団〟が整然と真っ二つに割れ、バスの通り道をつくったのである。S先生に寄り添うにして身構えていた熊谷は目を見張り、『十戒』という大ヒットしたアメリカ映画を思い浮かべる。この映画は、古代イスラエルの民俗指導者であるモーゼの奇跡を描いたもので、モーゼが奴隷として使役されていたヘブライ人たちを率い、エジプトを脱出するとき、行く手

の海が真っ二つに割れて通り道となる。

（あいつはモーゼだ）

熊谷の感嘆だった。


博多から帰京する新幹線の中で、熊谷はS先生の度胸に感動する一方、〝黒い軍団〟のリーダーのことをずっと考えていた。何百人というワル連中を鶴の一声でしたがわせる。トップの器量とはいったい何なのだろうか。あれだけのリーダーシップを持った人間は世田高にはいないし、自分はクラスでは一目置かれてはいるが、とてもじゃないが、あそこまでの器量はない。

熊谷が自問自答するそばで、

「四台対十四台じゃ、しょうがねぇよな」

「対等だったら負けやしねぇよ」

仲間たちは口々に強がっていたが、熊谷には負け犬の遠吠えにしか聞こえなかった。同じ人数であっても勝てなかったろう。それはひとえにリーダーの差だと熊谷は結論づけたのだった。

そのときを振り返って、熊谷が語る。

「じゃ、リーダーシップて何なのかということになりますね。これは会社でも、我々の稼業についても言えることです。頭が切れるだけでも、仕事ができるだけでも、強いだけでもだめで、それは最低条件であって、人格的な意味で心酔させる力がなければだめでしょう。リーダーの生き方であり、人生哲学であり、自分を律する強靱な精神力。それに対して〝この人なら〟という信頼感が芽生え、この信頼感が心酔に昇華していく」

そのうえで、

「ただし」

とつけ加える。

「あの人はやるときはやる、あの人は恐いというコワモテの一面をどこかで見せなくちゃならない。〝黒い軍団〟の頭を張っていた生徒も、周囲を恐れさせたことがあるはずです。私たちの稼業で言えばコワモテですし、ビジネスマンの世界で言えばスキルであり、仕事上の武勇伝ということになる。あの人間はできるという証ですね。ただし、見せるのは一度でいい。ここ一番でバーンと見せておけば、あとは伝説として語り継がれる。毎回、見せようとすると、どこがでつまずいてしまう。あの生徒も、リーダーとして仕切る過程で、必ずどこかで勝負しているはずだ」

帰りの新幹線で、熊谷はそんなことばかり考えていた。

熊谷のリーダー論は、「黒い軍団」の一件以後、総長として組織を牽引する現在まで一貫して自問しつづけていることだった。「私《し》と公《こう》」について熊谷の考えはすでに紹介したとおり、「公」を優先して生きてきたし、それは間違っていないという絶対の自負がある。

だが、ヤクザ組織のトップに立ち、若い衆に命令を下す立場になれば、「私と公」の優先順位はそう簡単に割り切れるものではない。言葉を変えれば、決断にさいして「個人」と「組織」の狭間で常に葛藤する。

「他組織と抗争が起こって、私が若い者を走らせるとします。首尾よく任務を果たせば若い者は長い懲役、ヘタすりゃ命を落とす。若い者は親子盃をかわしていて可愛い。だから走らせたくはないけど、組織のためには命じなければならない。会社で言えば、リストラがそうじゃないですか。経営不振で会社をスリム化しなくてはならなくなったとき、上司や経営者は従業員の肩を叩かなければならない。彼らの生活のことを考えれば肩は叩きたくないけど、会社のことを考えたら叩かなければならない。つらいけど、それをやるのは上に立つ者の責務でしょう」

組があっての組員、会社があっての従業員としたうえで、こう続ける。

「トップの救いは、つらい命令に対して下の者が納得してくれることじゃないですか。組長《オヤジ》が普段から勝手なことばかりやっていたら、下の者は納得しない。反対に、いつも俺たちのことを思ってくれているとなれば、納得して走る。リストラだってそうでしょう。〝社長さんにはこれまでさんざん世話になった。自分が辞めることで少しでも会社のためになるなら〟と思ってもらえるだけの人間であるかどうか。トップはここが問われるんじゃないですか」

組をもった当時の熊谷は「俺が身体を懸けるんだから、おまえらも身体懸けて当たり前だろう」とハッキリ口に出して牽引した。この気持ちはいまも根底にあり、ヤクザがヤクザであるための覚悟だと思っている。理不尽がまかり通る旧態依然としたヤクザ組織は少なくないし、親分が絶対という価値観に揺るぎはない。だが、このことを認め、踏襲しつつも、熊谷のようにヤクザ社会の変容を敏感に嗅ぎ取り、リーダー像について自論を熱く語るヤクザは確実に増えつつある。社会の表裏は一体であり、いみじくも熊谷が裏社会は表社会の影だと言ったように、裏社会は表社会の変化に連動する。熊谷が語るリーダー論は表社会を考察する上で、耳を傾けておく必要はあるだろう。

自主退学の宣告を受ける

修学旅行から帰った熊谷は、相変わらずの日々を送っていた。他校の生徒と盛り場でケンカし、パチンコに興じ、ひと目でヤンチャとわかる学ランを着てタバコをくわえている。こういう生徒を世間では不良と呼ぶのだが、熊谷にその意識は希薄だった。

授業をサボることはしない。出席率は風邪で高熱を出した一日をのぞいて、すべて登校。皆勤と言ってよかった。学校の一員である以上、学校のルールは遵守する。そういう意味で、自分は不良とは思っていない。

十一月に入って、他校の生徒と乱闘事件を引き起こした。警察沙汰になり、自宅謹慎を命じられる。熊谷にしてみればいつものケンカに過ぎなかったが、すでに二度、停学処分になっている。しかも世田高としては今後の学校経営を睨み、進学校に脱皮を図ろうとしていた矢先の事件だった。これから先、新聞に載るような事件を起こすかもしれないし、その可能性はじゅうぶんある。

「そんな生徒は当校にふさわしくない」

これがＰＴＡをまじえた緊急会議の結論だった。世田高の開設以来、初めての退学処分になったのである。実質的な退学処分はこれまでいくらでもあったが、転校などを考慮して形の上では「自主退学」とされた。つまり、いつのまにか生徒のほうから学校に来なくなったので、結果として「自主退学」というわけだ。

熊谷の場合は逆だ。

「もう学校へ来てはいけない」

と断を先に下しておいて、

「キミの将来を考えて、自分の意志で辞めたということにしておく」

と理事長が、熊谷と、熊谷の父親を前に告げたのである。

熊谷は納得しなかった。

「昼飯を食ってから早退する生徒はたくさんいるじゃないですか。だけど自分は最後まで授業を受けてから彼らと合流した。学校の一員としてのルールは守っているんです。警察沙汰になったことで学校には迷惑はかけたけど、新聞に載ったわけじゃないし、ケンカは私的なことでしょう。それなのに退学にするんですか」

熊谷は主張したが、

「これはもう決まったことだ」

理事長が突っぱねたので、

「じゃ、言いますが」

熊谷が居直った。

「ここは私立ですよね。ボランティアでやっているわけじゃない。授業料を徴収して経営している。生徒はお客さんでしょう。お客さんがいなければ経営は成り立たなくなる。〝熊谷が辞めるんだったら俺も辞める〟と言う人間が何十人も出てきたら、学校経営は傾かないですか?」

食い下がったが、

「キミのそういう発想が、我が校にふさわしくないいんだ」

一言《いちごん》のもとに切って捨てたのである。

「正敏、黙っていなさい」

父親に叱責され、熊谷は教室に行って荷物をまとめた。

熊谷が校門を出たところで、背後から駆けてくる足音がした。振り返るとS先生だった。

「熊谷、お別れだな」

「先生には本当にお世話になりました」

それだけ言って頭を下げ、再び歩き出す。二四六号線に出る手前のゆるやかな坂を上がりながら振り向くと、S先生が顔をゆがめ、立ちつくして見送ってくれていた。

ところが――。

ここで一件落着とならないのが熊谷だった。

荷物をまとめて学校から引き上げた翌朝のことだった。熊谷は学ランを着て、いつもどおり何食わぬ顔で登校したのだ。驚いたのは、正門に立って生徒たちの登校を見守っていた生活指導の先生だった。

「く、熊谷！」

口をあんぐりと開けた。

「お早うございます」

「おまえ、どうしたんだ?」

「授業を受けに来たんですが」

「おまえ、自分の立場わかってるだろう」

「わかってますけど、自分はやっぱり世田高の生徒ですから」

「だめだ、規則で校内に入れるわけにはいかないんだ」

追い返されてしまう。

S先生には素直にお礼とお別れの挨拶をしたが、腹の中は納得していなかった。自分は悪くない。そう思っていたからだ。

熊谷が一年生のとき、他校のワルが大挙して世田高の文化祭に乗り込んで来て我が物顔に振る舞ったことがある。当時は学校同士で、こんなトラブルがよくあった。学校を守るためには普段から自分たちが名を売って、「世田高はヤバイぞ」というアピールをしておかなければならない。だから他校とケンカした。「自分はこうして世田高を守っている」という使命感があった。それを退学と言われたのでは納得しないというわけだ。

理事長に引導を渡されたときは父親が隣に座っていたので矛先を納めたが、納得がいかなければ納得するまで信念を貫く。これはヤクザになっても変わらない熊谷の資質で、追い込むときは相手が音を上げるまで日参し、とことん攻め続ける。嫌がらせではない。納得しないにもかかわらず妥協するのは男のとるべき態度ではないと考える。自分で自分が許せなくなるのだ。そういう意味で非常にストイックで、一本気で、そしてヤクザ的であった。

毎朝登校し、正門で追い返される。これを一週間ほど続けたある朝のことだった。

「おまえな、もしかして俺に対する面当《つら》てで登校しているのか？」

生活指導の先生が言った。熊谷が一年生のとき、よく殴った先生だった。当時は教師によるパワハラ暴力は当たり前だった。

「もしそうなら謝る。このとおりだ」

と言って頭を下げた。

「そんなことは先生、もう忘れてるんで」

「いやいや、おまえの気持ちはわかる。いろんな思いもあるだろう。俺が謝るから、こういうことはやめてくれないか。来ても帰すしかないんだから」

再度、頭を下げられ、結局、自分の気持ちはわかってはもらえないのだということに、熊谷は納得する。

「先生、わかりましたよ。明日から来ません」

「そうか、そうしてくれるか」

先生が破顔し、熊谷は虚しさだけが残るのだった。

母親からのDNA

母親は熊谷に輪をかけて「自己責任」にこだわる女性だった。理屈に合わないことは耳さえ貸さない。前述したようにパン代をめぐって、「牛乳も飲めないからパンが喉につかえる」と熊谷が理屈で値上げを迫ると、

「学校には水道はないのかい」

と理屈で切り返す。

そういう女性だった。

家でごろごろしていても、育ち盛りの熊谷は腹が減る。

「何か食うものないの？」

催促すると、

「さっき、お昼を食べたばっかりじゃないか」

母親が言い返す。

「すぐ腹が減るんだよ」

「テレビを観てるだけじゃないか」

「退学になったんだからしょうがないだろう」

「おまえが悪いんだろう。勝手に高校を放り出されておいて、えらそうなこと言うんじゃないよ。いっぺん家を出て自活してみたらどうなのよ」

「ああ、自活してやらあ」

「口先だけだろう」

「やれるよ、やってやるよ」

「そう、わかった」

母親は立ち上がると次の間に引っ込み、手に現金を持ってもどってきた。

「これで終わりだよ」

と言って十万円を差し出した。縁を切るかのような口調であった。売り言葉が買い言葉になって、熊谷は自活することになった。

このときの母親の心情はわからない。父親は熊谷の退学と前後するように南米ボリビアに単身赴任していたので、母親は自分の手には負えないと思ったのかもしれない。品行方正な兄二人がいる。これからの人生だ。末っ子が足を引っ張らなければいいがという懸念は、母親として当然だったろう。だが、のち熊谷が碑文谷一家西山組の末席につらなるとき、母親は事務所を訪れ、「どうすれば正敏を組から抜けさせることができますか」と訴えている。社会が不可分の表裏で成り立っているように、愛情が憎悪を伴うものとすれば、憎悪こそ実は愛の裏返しということになるだろう。

退学になった熊谷には将来を考える足がかりすらなかった。五里霧中とは霧が深くて進む方向が見えないことを言うが、少なくともそこには前に進もうという意志がある。熊谷にはそれすらもなく、ただその場にじっと佇んでいるばかりだった。気丈夫な母親が突き放したことによって、熊谷正敏という小舟は艫綱《ともづな》を解いた。行くあても、目的地もない。風に吹かれ、引き波に乗って、少しずつ沖合に向かって波間を漂い始めるのだった。

十七歳の人生を漂う

何はともあれ、まず住むところの手当だ。

中学の先輩たちが何人か地元で不良をやっていて、アパートを借りている者もいる。頼めば転がりこむとはできるだろうが、熊谷は人の世話になるつもりはなかった。世話になれば義理ができる。義理にこだわる自分はそれに搦め捕られ、身動きできなくなってしまうだろう。だから世話はしても、世話にはならない。人に頼るという安易な処し方は、必ず人間関係に軋轢を生じるときがくる。甘えるのが下手で、立ちまわることに不器用だったからこそ、少年ながら熊谷は人間関係の危うさをよく知っていた。

不動産屋を訪れ、品川区二葉町に木造の古いアパートを借りた。六畳一間の風呂なし、トイレ共同で、家賃は月額一万六千円だった。母親からもらった〝餞別〟から敷金・礼金・前家賃を払い、最低限の生活必需品を買いそろえる。贅沢は言えない。鍋、フライパン、ヤカン、茶碗と箸、それにカーテンと中古のテレビを買った。

手もとに残ったのは青い札がたったの三枚。三千円しかなかった。熊谷の言葉を借りれば「人生のヨーイドンは三千円から始まった」ということになる。

のち、経済的なことで困った事態になっても、「俺はもともと三千円から始めた男だ」と思えば何でもなかった。だから強い。こう考えると、不幸に見えたことが、実は自分を活かしてくれる幸運だったということになる。そのときどきで一喜一憂するなとは、こういうことを言うのかもしれない。

住まいは確保したものの、生活をしていかなければならない。〝青札三枚〟ではたちまち行き詰まり、翌月から家賃を滞納した。ルール違反だ。大家に迷惑をかけた。熊谷は忸怩《じくじ》たる思いをいだく。家賃を払えない者が部屋を借りるべきではない。無い袖が振れないと言うのなら、頑張って袖を見つけるべきだ。だがアルバイトに行っても、お金をもらうのは翌月になってしまう。熊谷は暴走族に目をつけた。手っ取り早く族グループのステッカーを売りさばいた。

さらに不良たちのあいだではやっていたシンナーを売ることを思いつく。口コミで不良たちが熊谷のアパートに買いにやってくるのだが、シンナーの売買について、当時、熊谷はこんなふうに考えていた。

「当時、新宿などでは料金を高く、また売人が、金だけ取って物を持ってこないことがよくあった。しかも真面目な若者をそそのかしたり、騙したりしてシンナーを売るわけじゃない。もともとシンナーを吸引していた人間に便宜をはかってやるだけであって、誰に迷惑をかけているわけじゃない。俺が売らなくても彼らはどこかで買う」

身勝手な論理だったと熊谷は当時を振り返って笑うが、一面の真理を衝《つ》いている。一面の真理から全体を肯定するのは詭弁であるとしても、十七歳の、人生を漂う少年はモラルまで思いが至らず、シンナーの販売は単に法律違反という認識があるだけだった。

生計の目途が立った矢先、警察に踏み込まれ、逮捕されてしまう。だが、熊谷自身は吸引はしていない。販売も、客が特定できていないため警察は「営利目的の所持」を立証できない。熊谷の口の堅さは、小学一年生のときの〝置き石事件〟のエピソードで紹介したとおりで、

「売りました」と歌うわけがない。歌えば自分自身はもちろん、買った人間たちにも迷惑がかかってしまう。結局、シンナーの不法所持ということだけで、ヨンパチ（四十八時間の拘留）で釈放《パイ》になる。逮捕でなく、補導であった。

人生の躓《つまず》きは一つの転機であり、転機をどう選択するかによって、良くも悪くも自分を新たな方向へと向かわせる。向かった先で首尾よく人生が開けるか、行き詰まるか、あるいは長いトンネルに入るか誰も予測できない。転機は渦中にあって気がつかず、振り返ってみてそうとわかる。人生の難儀さと面白さは、たぶんそこにある。

熊谷がシンナーで補導されたことを、母親がボリビアの父親に知らせたのだろう。「こっちへ来ないか」という誘いの手紙が父親から届く。転機だった。躓きが招いた、とてつもなく大きな転機だった。熊谷の胸が騒ぐ。

南米のことを調べてみると、ポルトガル語を話すのはブラジルだけで、あとはほとんどスペイン語と英語だった。熊谷は、こんなビジョンを描く。向こうでスペイン語を覚え、南米の風習、文化、商慣習といったことを学び、そのスキルを活かしてビジネスコーディネイトをする。想像しただけでワクワクしてくる。

ところが、胸を躍らせながらも、いま一つ踏ん切れないものがあった。夢に胸は躍らせても、警察官への思いが断ちきれなかったのだ。警察官に採用されるかどうかはわからない。ボリビアへ行って成功するかどうかもわからない。どっちの夢をとるかで迷い、熊谷は警察官になるという夢をとったのだった。

子供時代、熊谷もカン蹴りをして遊んだが、鬼の役が好きだったと目を細める。鬼になって隠れている子供たちを探し、見つけ出し、引っ張ってくることが楽しかったのだという。これを権威への憧れと見るか、正義感の発露と見るか、あるいはその両方と見るかは人それぞれとしても、真摯に警察官になりたかったと吐露する熊谷は、「不良だからヤクザになる」というのは固定概念に過ぎないということを教えてくれる。曲折の人生において、警察官になるかヤクザになるかは天地の差があるように見えて、実相はコピー用紙の表裏の差でしかないのかもしれない。

数日後、熊谷は品川警察署を訪ねた。

「警察官になりたいと思っているんですけど、どういうふうな手続きをしていいかわからないので、教えてもらいにきました」

「わかりました。ちょっと待ってね」

受付の婦人警官が笑顔を見せ、内線を取り上げた。

しばらくして、中年の制服警官が部屋の奥から現れると、個室に案内してくれ、机をはさんで腰をおろした。

「何でまた警察官に？」

好意的な態度で接する。補導で引っ張られたときとえらい違いだと感心しながら、熊谷は素直に小学生のころから警察官にあこがれていたことを話してから、

「あのう」

と居住まいを正し、もっとも気になっていることをきいた。

「僕は補導歴があるんです」

「ほう、何だね」

「世田谷学園高校に通っているころ、経堂の駅前で他校の生徒とケンカして補導されました。こんな僕でも警察官になれるでしょうか」

息を飲むようにして返事を待った。

「大丈夫。むしろキミのような若者は元気があってよろしい。知ってのとおり三里塚闘争は大変なことになっている。キミは身体も頑丈そうだし、治安当局はキミのような若者を必要としている。すぐに採用して現地に行ってもらいたいぐらいだ」

そんなことを言った。

この年――一九七八年五月二十日、成田に建設された新東京国際空港（現・成田国際空港）が開港したが、空港建設反対派の地元住民を左翼学生が支援し、激しい闘争が続いていた。開港に先立つ七年前の一九七一年九月十六日、成田市で警備に当たっていた機動隊員が反対派のゲリラ集団に襲撃されるという「東峰十字路《とうほうじゅうじろ》事件」が発生、三名が殉職している。

熊谷と会った担当官のリップサービスであったかどうかはわからないが、当時はそういう世相にあった。

「ただし、警察官になるには採用試験を受けてもらわなければならない。高校卒業はいつかな？」

「中退です。ついこのあいだ、十一月です」

「中退か。高校を必ず卒業していなくちゃならないというわけじゃないんで、それは大丈夫だけど、試験はパスしなくちゃならないから勉強はしておいたほうがいいな。とりあえず募集要項の書類を渡しておこう」

熊谷は書類を受け取って帰っていく。

足取りは軽い。

補導歴が引っかかるのではないかと心配していたが問題はなさそうだ。

強制退学であったが、理事長が配慮して〝自主退学〟にしてくれた意味がこのときわかる気がした。

我が愛する街

前途に明確な希望が見えてきた。補導されるような行動は慎み、週末にやっていたビルの清掃や、地元の先輩に頼まれて解体など現場仕事のバイトに精を出した。採用試験に備えて本格的な勉強も始めた。学業の成績はよくなかったが、勉強することに意味を見いださなかっただけであって、根気は並外れていた。小学生時代、夏休みにトンボやクワガタを捕りに行くときは夜明けと同時に一人で家を出て、日が沈むまで帰ってこなかった。「これを勉強に活かせばねぇ」と母親が苦笑したものだった。

師走に入り、地元の先輩の口ききで、大井町のHデパートに入る鶏肉店でアルバイトをすることになった。年の瀬の総菜売り場は猫の手も借りたいほどの忙しさで、十二月の一カ月間という約束だった。

働き始めてしばらくして、ロッカーから熊谷のジャンパーが盗まれた。ロッカーが古くてガタがきていることを知ってはいたが、まさか盗まれるとは思わなかった。翌朝、出勤して職場の先輩にそのことを告げると、

「しょうがねぇだろう。よくあることだから気にするなよ。俺も前に盗まれたんだ」

平然と言った。

これに熊谷はカチンときた。

「それって、おかしくないですか」

「何が」

「だってそうでしょう。仕事が終わって退社するときは、ガードマン立ち合いで、店の品物を持ち出していないか従業員やバイトを厳しくチェックするくせに、古いロッカーを使わせておいて、そこから盗まれることは〝しょうがない〟ですまされるんですか」

「そんなこと俺に言われても困るよ」

「ああ、そうですか。じゃ、わかりました」

熊谷は鶏肉店の店長に話をした。ジャンパーを盗られたことよりも、この矛盾が熊谷には許せなかった。年配の店長は、関西のHデパート本店に入っていた鶏肉店から転勤してきた人で、夫婦でこの店に勤めていた。

「それで、どないしたいんや？」

温厚な店長は熊谷の話に耳を傾けてから言った。

「ハッキリさせたいんです。誰が盗んだのか、何で盗まれたのか、盗まれるようなロッカーをどうして使わせているのか」

「そうか、わかった。あんたの好きにしたらええ」

熊谷はうなずき、デパートの食品課長のところへ行くと、退社時の厳しいチェックにくらべ、ロッカーの盗難対策がおざなりになっている矛盾を指摘した。

課長は苛立って聞いていたが、

「で、キミはどうしたいんだね」

話をさえぎるように言った。

「だからハッキリさせたいんです。それができないなら警察に行く」

「わかった。ジャンパーはいくらするんだ？　十万円を渡すから、それで新しいジャンパーを買ってくれ」

この言葉に熊谷は怒った。ジャンパーを弁償しろと言っているのではない。矛盾したデパートの態度がおかしいと言っているにもかかわらず、そのことは頰っかむりして、警察沙汰にしないようにお金で納得させようとする。頭にきたが、一介の課長を責めたところで問題は解決しないこともさとった。談判するなら責任者である支社長である。矛盾を矛盾として受け入れることのできない熊谷の性格だった。

面会を申し込み、支社長と会った。

「キミが熊谷君か。話は聞いている」

と言った。

「支社長」

十代ながら熊谷は怯《ひる》むことなく思いのたけをぶつけた。いまでこそ存在感に翳りを見せているが、当時はデパートで買い物をしたり食事をすることに一種のステータスがあった。Hデパートはこの地にあって、人々に夢と希望を与える存在であることを話してから、

「表ヅラはいい。そのくせ裏ではガードマン立ち合いで従業員の持ち物を厳しくチェックし、ロッカーでは盗難が当たり前のようになっている。表と裏がまるっきり違っている。矛盾していると思わないんですか」

支社長は当初、バイトがイチャモンをつけているくらいに思っていたようだが、話しを聞いてみると筋が通っていることがわかったのだろう。

「キミの話はよくわかった。警察に被害届けを出すなり、キミのしたいようにすればいい」

と理解をしめしてから、

「ロッカーのことも含め、これを機に改善すべきことを考えていく」

と言った。

熊谷は「改善」という言葉に大きくうなずき、

「そうしていただければ、ジャンパーのことは結構です」

と納得する。

年が明けて二月。従業員が使用するロッカーはすべて新しいものに取り替えられたのだった。

「実は支社長に談判したとき」

と熊谷が振り返って言う。

「売り場では、みんなが私には冷淡な態度をとった。わかりますよね。課長を責め、支社長のところにまで行ったんだから、とんでもないハネッ返りだと思う。だけど、鶏肉屋の老店長は〝よくやったね〟と言ってくれた。〝社員になって働いてくれないか〟とも。高校を退学になったあとですからね。うれしかった。だけど、警察官になるという目標があるから丁重にお断りをした。もし、社員になっていたら、いまどうなっているかなってね。いまもＨデパートに入ると、ふとしたときに思うことがあるんですよ」

事件が起きた

平穏無事に半年が過ぎ、梅雨明けを待っていたかのように事件が持ち上がる。蒸し暑い真夜中、辞書を片手に漢字の勉強をしているときだった。玄関で激しい音がして、人間が転がり込んできた。

「先輩！」

「ク、クマ、やられた」

腹を押さえてうずくまる。抱き起こすと、顔全体が血糊で赤くなっている。洋服はズタズタで、全身血だらけだった。

「誰に？」

「あいつらだ」

あいつら——と言っただけで熊谷には事態が呑み込めている。流れ者の連中六、七人が大井町に棲みつき、地元の不良たちとモメ事を起こしていた。熊谷は警察官を志して勉強しているくらいだから、自分では不良であるとの認識はなかったが、仲間意識が強かったので、トラブルが起きると加勢を頼まれるなど、一定の距離を置きつつも、つき合いはあった。

「あいつらはどこですか？」

どうするか。

熊谷はためらった。奴らにオトシマエをつけなければならない。だが警察官になるために、いまこうして自分は頑張っている。事件を起こせばどうなるか、熊谷にはわかっている。わかってはいるが、男としてここで引くわけにはいかない。

「アパートだと思う」

熊谷は無言で押し入れの奥に隠してあった匕首《ドス》を取り出すと、新聞紙に包んだ。

「クマ、気をつけろ、日本刀を持ってるぞ！」

背後に先輩の声を聞きながら、熊谷は新聞紙を片手で腹に抱えたまま夜の路地を走った。

第三章

内なる価値観

ドスを持つ

盛り場の裏手の路地を、熊谷は小走りに駆けた。

何も考えない。

頭のなかで、光の束がハレーションを起こしていた。

熊谷は自分の存在証明を「帰属」に求めるところがあった。世田谷学園に在籍していたときは、「学校を守る」という大義のために他校の不良たちとケンカし、補導され、退学処分になった。稲川会四代目継承をめぐって降格処分になったときは、「正敏」という名前のルーツを探して中国に出かけた。いまの自分は何に依《よ》って存在するのか。この帰属意識《アイデンティティ》に突き動かされて行動する。

だから、いま自分が在《あ》る組織や環境を侵す者には敢然と立ち向かっていく。二十代の流れ者たち六、七人が大井町に居座り、夜な夜な日本刀で地元の不良たちを脅して金品を巻き上げているという話は熊谷も耳にしていたが、先輩たちもいることだし、そのうちケジメを取るだろうと思っていた。それに自分はいま警察官をめざして勉強している。彼らとは会ったことも、顔も見たこともなく、存在感は希薄だった。

ところが、先輩が大ケガをしょわされたのだ。帰属意識の強い熊谷の男気に火がついた。大井町は自分たちの街だ。余所者の好き勝手にさせるのは顔に唾を吐きかけられて黙っているのと同じだった。動物だって自分のテリトリーを守るためには命懸けで立ち向かっていく。先輩の仇討ちが目的ではない。自分が自分であるためのケジメであった。

連中のアパートが飲み屋が軒を連ねる小路の先にあることは話に聞いて知っている。薄暗い外灯の向こうに、ライトを消したクルマが停まっているのが遠目に見えた。黒いワーゲン、先輩であるD雄のクルマだった。地元の仲間たち五、六人が一階角部屋の前で、中の様子をうかがっていた。

熊谷がドアの前に進み出て、人の輪が崩れる。ドスを右手に握った。背後で仲間たちが身構える。無造作にドアを蹴破って飛び込んだ。就寝中の部屋で怒声と悲鳴が同時にあがり、暗闇のなかで一人が日本刀を抜くのが見えた。熊谷は無我夢中で体当たりすると、腰だめにしたドスを刺し込む。手応えがなく、豆腐を貫くような不思議な感覚だった。もう一人が落とした日本刀を拾い上げる。熊谷は引き抜いたドスで刺してから外へ飛び出た。

「クマ、こっちだ！」

先輩のあとをクルマに向かって駆け出す。手のドスに気づき、溝に放り投げた。熊谷が助手席に飛び乗る。黒いワーゲンはタイヤを軋ませて急発進した。

「まさか死んだんじゃないだろうな」

ハンドルを握るD雄が、血に染まった熊谷の手を横目でとらえながら、うわずった声で言った。

「さあ」

「死んだらヤバイことになるぞ」

「しょうがないでしょう。やるしかなかったんですから。死んだら死んだで、それはしょうがないことです」

「だけど、おまえ」

「先輩、やったのは自分ですから先輩が心配することはないでしょう」

平然と言い放った言葉に、D雄は唖然として横顔を見た。彫り深い顔立ちはいつもと変わらぬ表情で、前方に視線を投げかけていた。

「先輩」

「な、何だ」

「前を向いて運転しなくちゃ危ないですよ。非常線が張られているはずですから、事故を起こしたらその場で逮捕《パク》られてしまう」

パトカーが赤色灯を点滅させ、サイレンを鳴らしながらすれ違って行った。

D雄のクルマは女のアパートに向かった。ここから二キロほど先、大田区馬込のアパートに住んでいる。幹線道路を避け、路地を縫うようにしてクルマを走らせた。

常に最悪を覚悟する

いきなり夜中に押しかけられ、寝入りばなを起こされたD雄の彼女は、不機嫌な声で応じてドアチェーンを外した。D雄に連れがあることを知り、スッピンであることにあわてたが、ただならぬ気配に表情を険しくした。

「クマ、手を洗えよ」

D雄の言葉に彼女が熊谷の手に視線を落として息を飲む。こびりついた血で手は赤黒くなっていた。

「ちょっとしたケンカだ、心配するな」

D雄が笑おうとしたが、顔がひきつって笑顔には見えなかっただろう。

熊谷は時間をかけ、固まった血糊を削ぎ落とすようにして洗ってから、

「眠いんだ。悪いけど横にならしてくれませんか」

と言った。

朝まで熟睡し、熊谷が目を醒ますと、D雄はすでに起きていた。

「こんなときに、よく眠れるな」

心配で一睡もできなかったのだろう。赤い目で言った。

「気にしてもしょうがないでしょう。それより何か食べるものはないですかね。腹が減っちゃって」

「おまえ、メシを食うってのか?」

「これからどうなるかわからないじゃないですか。食えるとき食っておかなくちゃ」

「しかし、おまえ……」

「ご飯ならジャーにありますけど。おかずは玉子くらいしかなくて」

彼女が言った。

「それでじゅうぶんです」

熊谷は自分でドンブリによそうと、ご飯に玉子をかけて一気にかきこんだ。

鏡を見ると、顔にも返り血がこびりついていた。ジーンズもTシャツも血を吸って黒い染みをつくっている。風呂を借り、彼女に何枚かの札を渡して、

「店が開いたら、ズボンとTシャツか何か買ってきてくれませんか。あっ、それと新聞をお願いします」

と言った。


原稿の締め切り時間を過ぎていたのだろう。朝刊には載っていなかったが、状況がわかるまで外出は控えることにした。喫茶店のウェイトレスをしている彼女は、病気を理由に休みをとった。夕方になって、近所のスーパーでおにぎりと飲み物、夕刊を買ってきてくれた。

D雄が新聞をひったくると、急いで社会面を開き、

「出てるぞ。三カ月の重傷だってよ。よかったな、生きているぜ」

「もう一人は？」

「二週間だな。こっちは軽症と書いてある」

D雄の声は明るかった。

「おっ、誰かパクられてるぞ。少年Aってなってるけど、Yのヤツだな。明け方、どっかの家の縁の下に隠れているところを警察犬に見つかってワンワン吠えられたんだってよ。ザマねぇ

よな」
安堵の甲高《かん》い声を聞きながら、熊谷は我に返った。死んでいたらとんでもないことになっていたことに、いま気がついたのだった。

まだ十七歳の少年だ。興奮状態を引きずっていたのだろう。相手が死ねば殺人罪、ケガなら傷害罪。量刑は天地の差になるが、刺すときも刺したあとも、無我夢中でそこまで頭がまわらず、相手が死のうが生きようが、そんなことはどっちでもいいと思っていた。D雄は熊谷の落ち着きぶりに感心していたが、落ち着いていたのではなく、事の重大さを認識する精神的な余裕も、時間的な余裕もなかったのだった。「生きているぞ」D雄に言われて我に返り、ほっと胸をなでおろすのだった。

このときの経験を引き合いにして、熊谷はこんなことを言う。二十二、三歳のころに大手組織と債権取立をめぐってぶつかったときのことだ。
「掛け合い（談判）の前夜、布団に入って明日のことを考える。私の出す条件じゃ、向こうは絶対に呑まないだろうと思った。だけど、こっちも退《ひ》く気はまったくない。呑まなきゃ、身体を懸けるしかない。そう腹はくくっていても、なかなか寝つけない。結局、明け方近くに一時間ほど微睡《まどろ》んだだけで乗りこむことになった。

何を言わんとしているかわかりますか？　乗りこむまでに時間があるから、あれこれ考えるんです。殺《や》れば無期を打たれるかもしれない。殺られればそれまで。どっちにしろ、人生はそこで終わる。だけど、ここで退いたらヤクザとしてメシが食えなくなる……。いろいろな思いがよぎる。

ところが十七歳でドス持って走ったときは、考えるヒマがない。先輩がやられ、頭に血が上っていきなり駆け出した。だから恐怖もないし、相手が生きようが死のうが、そんなことはいっさい考えなかったんですね」

恐怖や迷いは「事後を考えることに生じる」と熊谷は言う。

ヒットマンの恐怖は、人を殺《あや》めるという根源的な恐怖のほかに、「失敗したらどうしよう」「相手組織から生涯つけ狙われるかもしれない」「自分の家族はこれからどうなるか」といった事後の不確定な思いに苛《さいな》まれる。

ビジネスマンも同じではないだろうか。明日は大事なプレゼンがあるとなると、「うまくいかなかったらどうしよう」「無理な条件を出されたらどうしよう」と、前夜はあれこれ考えて寝つけなかったりする。プロ野球のピッチャーは先発前夜、布団のなかで相手打者を思い描きながら投球のシミュレーションするそうだが、考え過ぎて配球に迷いが生じると眠れなくなると言う。

結局、結果を期待するから迷いが生じ、それが不安になっていく。考えないのがいちばんだが、そうもいかない。歴史本を愛読するという熊谷は、『葉隠』のよく知られた一節――《武士道というは死ぬことと見つけたり。二つ二つの場にて早く死ぬ方に片付くばかりなり》を引いて、

「最悪を覚悟すればいいんですよ」

と言う。

「そう簡単な覚悟ではありませんが、死を選ぶことで死の恐怖を克服するという逆説的な考え方があるということを知るだけでも、事に臨んで気持ちがいくらかは楽になるのではないですか」

経験則から導き出した熊谷の結論だった。

砕け散った夢

冷静になるにつれて、警察官になる夢が砕け散ったことをさとる。

漢字が苦手で、数学も因数分解になるとよくわからない。だが、採用試験に受からなければ警察官にはなれないことだけは確かだった。良い点数を取るのは無理としても、合格の最低ラ

インには潜り込みたい。勉強は何から手をつけていいのかもわからず、本屋で事情を話し、参考書を選んでもらった。夢を叶えるには営々と努力を積み重ね、さらに運にも恵まれなければならないが、転落するのはほんの一瞬の出来事だった。人生は何の前触れもなく突然、風向きを変えるのだ。

退学になった直後のことだったか、熊谷はこのD雄先輩と雑談していて、警察官を志望していることを話した。熊谷に不良の意識はないとしても、ケンカと恐喝で高校を退学になった男が警察官になりたいと言えば、顔をしかめても不思議はあるまい。

ところが、

「いいんじゃないか。クマ、おまえはお巡りに向いているよ」

と真顔で言った。不良でさえ、熊谷が警察官になることに違和感を覚えなかった。それが十七歳のころの熊谷という少年だった。

「先輩が、警察官に向いていると言った真意はわかりません。私が融通がきかないので、向いていると思ったのかもしれない。確かに、もし警察官になっていたらうるさかったでしょうね。白は白、黒は黒。交通違反でも暴力事件でも、理屈に合わないものは絶対に握らない（目をつむらない）。警察官たる者はどうあるべきか、自問自答しながら行動する堅物の警察官になっていただろうと、いまでも思います」

警察官とヤクザ総長。曲折を経て、到達した立場は真逆になりはしたものの、「自分はどうあるべきか」ということを真剣に考えることにおいて、熊谷は変わらない。警察官は警察官らしく、ヤクザはヤクザらしく、サラリーマンはサラリーマンらしく、教師は教師らしく、そしてトップはトップらしく。問われるのは常にらしくという生き方であって、職業など社会的な属性ではないというのが熊谷の人生観であり、職業観といっていいだろう。

昼のテレビニュースで、この事件について続報はなかった。様子をさぐるため、公衆電話から仲間のところに電話してみたが、連絡がとれなかった。芋ずる式に逮捕者が出ているものと思われた。

「ここもヤバイかもしれねぇな」

D雄が言った。

ヘタに動くのはかえって危険だと熊谷は思ったが、彼女が迷惑がっていることが態度でわかっていた。D雄もそのことを察して熊谷に水を向けたのだろう。

「自分は出ます」

熊谷が言う。

「そうか。これからどうする？　野郎が生きてるんなら自首するか？　罪が軽くなるぞ」

「逃亡《フケ》ます。悪いのはヤツらで、自分はオトシマエをつけただけですから」

「おまえらしいな。で、あてはあるのか?」

「これから考えます」

「わかった。じゃ、そういうことにしよう」

「先輩も気をつけて」

「おまえもな」

熊谷が勢いよく立ち上がると、彼女に礼を言って、足早にアパートを出て行った。

RUNAWAY《にげる》

五反田駅で山の手線に乗り換え、事件現場の大井を迂回するように渋谷駅に出る。ターミナル駅は張り込みの危険があったが、逃亡者は雑踏に身を置きたがる。人混みにまぎれることで安全が確保できるような気がするのだろう。熊谷は公衆電話を探し、地元の先輩で右翼活動をしているN川に連絡を取った。

——クマか?　どこだ?

名乗る前に言った。

「都内です」

――大井《こっち》は刑事《デカ》が張りついていてヤバイぞ。

「身体《たい》をかわしたいんですが」

――わかった。千葉のB工業を知ってるな。

「G駅前でしたね。先輩のスポンサーの」

――いまからそこへ行け。社長には電話《つなぎ》を入れておく。

「わかりました」

礼を言って電話を切ると、四方に視線を走らせ、足早に発券機に向かった。

B工業はプレス関係の会社で、社長は街宣車の購入資金を出してくれるなど、N川先輩の後援者でもあった。若いころは大井町でヤンチャをやっていたとも聞く。B工業で人手が足りないときに、N川先輩が大井町の不良たちを集め、バイト作業員として送りこんでいたことを熊谷は知っている。ここに潜り込んでも、そのうち〝地元つながり〟でバレるのではないかと危惧したが、ほかに選択肢はない。

熊谷は総武線に乗って千葉に向かった。

千葉駅で内房線に乗り換え、G駅で降りると、駅前にある工場を訪ねた。六十がらみの太った社長が事務所で待っていた。事件のことは当然、N川先輩から耳に入っている。

「いい面構えをしているな。寮もあるし、ここにいれば大丈夫だから安心してくれ」

と言って笑ってから、

「仕事はプレス工だ。経験は？」

「ありません」

「じゃ、指導者をつけてやる。すぐに馴れるさ。夜勤のほうをやってくれ。食事は近くの食堂と契約しているから、そこで食べてくれ」

若い従業員に寮に案内された。古い木造の平屋で、四畳半があてがわれた。国道に面しているため、トラックが通ると地震のように揺れる。窓越しに裏手を見やると、雑草が覆いかぶさるように茂っていた。エアコンなどはもちろんなく、小さな扇風機が一台、部屋の隅に置かれていた。長らく窓を閉め切っていたのだろう。かび臭く、蒸し風呂のような暑さに汗が額から流れ落ちた。

熊谷が裏手の窓を開けてから、あわてて閉めた。蚊が羽音と共に侵入してきたのだった。

「田舎だからね。この先に溜池もあってさ。蚊には参っちゃうよね」

顔をしかめた従業員にうなずきながら、扇風機のスイッチをいれると、カタカタと頼りない音を立てて廻り始めたが、いまにも止まりそうだった。

「古いからね」

従業員が笑った。

快適というには程遠いが、それでも生活の場を得たことで熊谷は安堵した。

仕事はきつかった。プレス工というのは金属を規格に合わせ、機械を動かして加工する作業員のことだ。指導員をつけてくれたが、危険な仕事で、ちょっとした不注意が大ケガにつながる。

「手を出すな！　危ないぞ！」

指導員が怒鳴り、

「こうなってもいいのか」

と言って自分の右手を熊谷の鼻先に突き出して見せた。人差指が根元からなかった。機械に挟まれ、切断したとのことだった。「気を抜くな」と指導員が二度、繰り返した。縫合した醜い傷跡を見つめながら、熊谷はゴクリと生唾を飲んだ。

夜勤なので、夕食を食堂でとったあと七時から朝までが仕事時間だった。腹もふくれているので、十一時を過ぎるころになると睡魔が襲ってくるが、気を抜くと指や腕を切断する危険があるので必死だった。深夜二時から一時間半ほど仮眠の時間があり、それだけが楽しみだった。

四時前に起き、再び作業を始め、八時に仕事終了。近くの食堂まで足を引きずるようにして歩いて行って朝食をかきこみ、寮にもどってシャワーを浴びてフトンに潜りこむのが九時半ころだった。

眠れなかった。カーテンは薄布一枚。部屋は明るいし、夏の日差しが強くなってくる時間だった。窓は開けられない、扇風機はカタコトでいつ止まるかもしれない、ダンプが通れば部屋は揺れる。そして睡眠不足のまま、夜また工場へ出る。しかも追われている身だ。いつ刑事《デカ》が乗り込んで来るかもしれない。神経が二十四時間、張り詰めている。元気盛りだと言っても、十日もすればさすがに参ってくる。

地元の大井へ帰りたくなってきた熊谷は、捜査状況を探ろうと実家に電話を入れてみた。母親と口をきくのは、十万円の手切れ金をもらって家を出て以来のことだった。

——正敏、どこにいるの！

声を聞くや、噛みつくように言った。

——おまえね、刑事さんが三回もここへ来たんだよ。捜査中で何をやったのかハッキリ言ってくれないんだけど、場合によっては全国指名手配になるかもしれないってさ。何をやったんだい？　連絡があったら必ず出頭させるようにって言ってるよ。

熊谷は電話を切った。少年犯罪で全国指名手配は脅しかもしれないと思ったが、事件が思った以上に大きくなっていることを感じた。この工場で働いていたのでは身体がもたないだろう。だが、逃げるあてはない。遅かれ早かれ捕まるだろう。だったら自分から出頭したほうが得策か。出頭だけして、犯行は否認すればいい。

迷った熊谷は、十歳ほど年長で、ヤクザではないが地元で顔のきく先輩に電話をかけて相談してみた。

先輩は単刀直入だった。

——おまえ、大井にいっぺん帰ってこいよ。いつまでも逃げてられねぇだろ。なんだったら、俺が警察のほうに口きいてやるから。

熊谷の腹は決まった。出頭は三日後とし、そのあいだに工場を世話してくれたN川先輩に事情を説明した。社長にお礼を言い、十日分の給料を受け取った。寮に帰って封を切ったら六千円しか入っていない。食費を引かれたとしても、これではあまりに少なすぎる。たぶんN川先輩がカスったのだろうが、この会社はN川先輩が世話をしてくれたから十日間を逃げおおせたのだ。感謝はしても、文句を言える立場ではない。夕刻、熊谷は六千円を握りしめ、西陽《にしび》の差す内房線に乗った。

後年、熊谷は稼業の仕事で千葉方面に出かけることがある。多忙の身で、いつもトンボ帰りだったが、碑文谷一家十一代目を継いだ二〇一六年、たまたま千葉で時間が空いたので、運転手に命じてG町へ向かわせた。

三十八年の歳月は町の様相を一変させていた。駅の位置こそ変わらなかったが、駅舎は高架となり、駅前はビル群が立っている。かつて窓を開けると蚊がブンブンと入ってきた一帯は区画整理され、立派な住宅街になっていた。工場はすでに跡形もなかった。

町も風景も、時の移ろいのなかで変容していく。だが思い出は歳月に濾過《ろか》され、砂金のようにキラキラと心のなかで輝いている。苦しかったこと、つらかったこと、不安に苛《さいな》まれたことほど懐かしく思い出される。後部座席に座る熊谷が窓越しに外を見やっている。

「総長、何かお探しですか」

助手席に座る秘書が振り向いて問いかける。

「いや」

短く答えて、クルマを出すよう命じた。

大義のために身体を懸ける

約束の日時に、熊谷は先輩に付き添われて、捜査本部が置かれた品川区荏原署に出頭する。

その場で逮捕されると、隣接する大田区の池上署へ移送された。熊谷は知らなかったが、熊谷が刺したあの夜、アパート前に集まっていた連中が荏原署に留置されていた。熊谷を主犯と見ている警察は、熊谷を彼らと隔離するため、池上署の預かりにしていたのだった。

取り調べは毎朝、捜査車両で荏原署に身柄を移して行われた。担当する刑事は二人。角刈りにした精悍な若い刑事と、年配でいかにも人情家を思わせる刑事だった。

「で、熊谷。ほかの連中は押し入ったアパートで何をしたんだ？」

角刈りが険しい顔で迫る。

「さあ、ちょっとわかりませんね。暗かったし、自分は無我夢中だったので」

仲間をかばうと、

「じゃ、おまえは？　おまえは何をやってたんだ？」

「何をと言われても、ちょっと思い出せませんが」

「いま無我夢中だったと言っただろう。何をして無我夢中だったんだ？　刺そうとしていたからじゃないのか？」

直球でグイグイと追い込んでくる。

「思い出せないと言ってるじゃないですか」

ムッとした表情で言い返す。自分も不利になるし、犯行を認めることで事件の構図が明らかになり、仲間たちに迷惑がかかることを懸念した。

「熊谷、そう尖《とんが》るなよ」

と、年配刑事がなだめながら、

「相手は二人とも入院してるんだ。一人は二週間ですんだけど、もう一人は三カ月の重症だ。傷口の深さが13・5センチだからね。内臓まで達している。どう思うかい？」

やんわりと水を向けてくる。「やっただろ！」と迫れば返答はイエスかノーか黙秘しかないが、「どう思うか」と問われれば、完全黙秘する腹でない限り、何かをしゃべらなくてはならなくなる。

「誰が刺したのかわかりませんし、本当に刺したのかどうかも自分にはわかりませんが、もし本当にそいつが刺されたのだとしたら、刺されるだけの理由があるということじゃないですか？」

と言った。

刺しはしたが、熊谷は悪いことをしたとは思っていない。犯行を認めることはできないが、一般論の視点から正当性だけは主張しておきたかった。

「なるほどな」

年配刑事がうなずいて、

「入院中の二人は別にして、あとの連中は逮捕してある。日本刀で脅して恐喝を何件もやっていて被害届けが出ているんでね。あれだけの悪さをしていりゃ、おまえが言うように刺されても不思議はないな」

「おまえが刺したんだろ！　吐いちまえ！」

角刈りが怒鳴りつけ、熊谷が反発し、年配刑事がなだめる。ボケとツッコミ、仏と鬼の役割を演じるのは取り調べの常道だが、こうと決めたら徹底して意志を貫く熊谷は、知らぬ存ぜぬを貫いた。幼いころ、すぐ上の兄の友達が線路に置き石をしたことを絶対に明かさなかったように、仲間を守った。


連日、朝から夕刻まで、荏原署に身柄を移して取り調べは続く。警察としては「誰が刺したのか」を明らかにしなければ、事件の解明にはならない。この日の取り調べは、角刈りが席を外していた。

「熊谷、そろそろ昼だから何か取るかい？　俺も今日は一緒にメシを食うかな」

年配刑事が取調室で言った。

「タバコも吸わせてやりたいけど、十七じゃ、そうもいかないからな。しんぼうしてくれ。俺は蕎麦にするけど、どうする？」

歌って、いれば〝ご褒美〟に奢ってくれるのだろうが、知らぬ存ぜぬで追及をかわしているので、自弁になることは熊谷もわかっている。自弁とは「自分で費用を負担して払う」という意味で、留置場では朝昼晩とも食事が支給されるが、自分でお金を払って別メニューの食事を注文できることになっている。

「じゃ、カツ丼をお願いします」

と言ってから、

「並を」

とつけくわえた。プレス工のバイトで、わずかとはいえ六千円を稼いだが、所持金はすでに三千円を切っていた。

先にカツ丼が届けられた。

年配刑事の蕎麦が届くのを待って、

「食べていいですか？」

と断ってから箸をつけようとしたら、背後からいきなり首根っこをつかまれ、そのままカツ丼のなかへ頭を押しこまれた。

「てめぇ、何もしゃべらねぇで、カツ丼食ってる場合じゃねぇだろ！」

いつ入室したのか、角刈りが怒鳴りあげたのだ。熊谷はあとで知るのだが、角刈りはマル暴

（暴力団担当）だった。逮捕された仲間たちの取り調べは少年係が当たったが、熊谷だけが捜査のマル暴である。熊谷の自供がとれていないだけで、刺したのは熊谷とわかっており、ヤクザ準構成員の疑いがかけられていたのかもしれない。

角刈りが一気に追いこんでくる。

「てめぇ、歌ってからメシ食え、この野郎！」

「ちょっと待ってくださいよ。自分は何もしてないのに……」

「何もしてないんなら、何でここにいるんだ！」

怒鳴ってから、声を落として凄む。

「小僧、俺ら相手に否認し続けられるとでも思ってるのか？」

胸ぐらをつかんで腹に一発見舞われ、熊谷は身体をくの字に折った。さすがに殴る蹴るの激しい暴行はなかったが、当時は目に余る不良やチンピラに対して、そんな取り調べも行われていたのだった。

カツ丼のなかに頭を押し込まれ、腹に拳を見舞われ、恫喝《どうかつ》されたとなれば激しい憎悪を覚えるだろうに、熊谷は平然と受けとめ、憎悪の感情はわいてはこなかったと言う。理由は、大義なき自分に対する諦観であった。

刺したというのは自分でわかっている。わかっていて「知らない」とウソを言いつづけている。つまり自分には、刑事に腹を立てたり憎んだりする大義がない。これが濡れ衣であれば話は別だ。理不尽な取り調べには一歩も引かない。

濡れ衣を晴らすということにおいて大義があり、大義のために身体を懸けるのは当然だと思っている。

しかし今回は濡れ衣ではない。確信的にウソをついている。ウソをついた以上、ついたウソに対するいかなるペナルティも甘受すべきで、そうしてこそ筋が通ることになる。それが熊谷の考え方であった。

「大義」という言葉は、多くは自己正当化するときに用いる。だから百人いれば百の大義がある。ところが十七歳の少年がここまでストイックに自分を客観視し、怒気も不満も飲みこんで見せる。

人生観が経験によって培われるというのは幻想だ。メダカは成長してもメダカであり、サメは放っておいてもシーハンターとして成長していく。これが、その人間に備わった性分というものだ。

人生は曲折を経るように見えながら、振り返ればそこに意外性はなく、納まるところに納まっているのだ。

留置場に入って二カ月が過ぎた。

誰も面会に来ない。

差し入れもない。父親は南米に単身赴任しているとしても、母親は来そうなものだ。

「おまえ、親がいねぇのか？」

成人房の年配のヤクザがきいた。

「いますけど」

「来ねぇじゃねぇか」

「それは親が考えることですから」

「そりゃ、そうだが。珍しいな」

珍しいと言ったのは、面会に来ない親を揶揄してか、それとも不満の一言も口にしない少年に感心してなのかはわからないが、どっちにせよ珍しいことに変わりはなかったろう。

着の身着のままで出頭したため、着替えは一枚もなかったが、夏場だったことが幸いした。Tシャツにバミューダのままですごせる。洗濯したTシャツは着ていればすぐに乾く。多少、湿ってはいても、汗をかいたと思えばいい。パンツは湿ったまま穿くわけにはいかないので、乾くまでバミューダの下はノーパンで過ごした。

さすがに先のヤクザが見かね、彼が拘置所に移監される前夜、

「これ、やるよ。新品《さら》だぞ」

と言って下着をくれた。

幼いころ、国鉄の〝家族パス〟で旅行にでかけたときのことが熊谷の脳裡をよぎる。着るものはいつも兄たちのお下がりで、このときたった一度だけ、新品の洋服を買ってもらった。「新品《さら》」と言ったヤクザの言葉が心に突き刺さった。どこの組の誰だか記憶はないが、このときの恩義は生涯、忘れることはない。

そんな自分が許せなかった

連日、取り調べが続くうち、熊谷は二人の刑事の口吻から、警察はすべてを立証済みで、残るのは自分の供述だけではないか、と思うようになった。当夜の様子をくわしく知り過ぎている。

（みんなが歌ったのだろうか？）

疑心が脳裡をかすめるが、刑事たちの巧妙なブラフかもしれないと自分に言い聞かせた。

「疑心」と「迷い」こそ最大の敵なのだ。

あとで振り返れば、この日、年配刑事が勝負を懸けたことがわかる。人情で気持ちを解きほぐし、一方で角刈りが実力行使で恫喝し、熊谷の気持ちを大きく揺すっておいて、とどめを刺しにかかった。

「なあ、熊谷。こんなセリフ、聞いたことないか」

年配刑事が世間話でもするかのような口調で、分厚い調書に目を落としながら一人二役で語り始めた。

——まさか死んだんじゃないだろうな。

——さあ。

——死んだらヤバイことになるぞ。

——しょうがないでしょう。やるしかなかったんですから。死んだら死んだで、それはしょうがないことです。

——だけど、おまえ。

——先輩、やったのは自分ですから先輩が心配することはないでしょう。

熊谷は顔色が変わるのが自分でもわかった。D雄先輩と逃げるクルマのなかでかわした会話だった。先輩はすべてを事細かに歌っている。唖然として、D雄の顔を思い浮かべる熊谷に年配刑事は言った。

「なあ、熊谷。あわてることはない。どうするか、ひと晩ゆっくり考えてくれ」

そして、夕刻の早い時間に取り調べを打ち切った。

年配刑事はさすが老獪だった。被疑者の混乱に乗じて一気に追いこむ方法もあるが、熊谷という少年が冷静に物事を考える気質であることを見抜いていた。嵩《かさ》にかかるのは逆効果。ひと晩じっくり考えさせれば結論はおのずと出ると読んでのことだった。

この夜、熊谷はこんな自問をしたと言う。

「信念を支えるのは仲間に対する信頼です。青臭い言い方になるけど、仲間も組織も、根底に信頼があって初めて成り立つものだと思っていたし、組を率いる立場になっても、それは変わらない。〝あいつは裏切るかもしれない〟という疑心があったのでは、仲間でもないし組織でもない。烏合の衆です。

組織、それも強固な組織というのは〝裏切られるかもしれない〟じゃなくて、〝あいつになら裏切られてもいい、裏切るには裏切るだけの理由があるはずだ〟という納得感と信頼感が根底にある。当時はまだ子供ですから留置場でそこまで考えたわけじゃないけど、D雄先輩や歌った全員に対して、納得感も信頼感もなく、ただ〝裏切られた〟という思いだけしかなかった。

自分が勝手に仲間だと思っていたに過ぎないことに気がついた。自分が恥ずかしかったですね。恥ずかしくて、恥ずかしくて、そんな自分が許せなかった」

自分たちの街を守ると熱く語った彼らは、自分にとって何だったのか。地元という絆は何だったのか……。輾転《てんてん》として眠れないまま朝を迎え、いつものように荏原署に身柄を移送するため、捜査車両に乗せられた。刑事はいつもどおり三人。一人がハンドルを握り、年配刑事と角刈りが後部座席で熊谷を挟んで座った。

クルマが発車すると、熊谷が口を開いた。

「今日は自分のほうから話がありますから」

刑事たちはそれですべてを了解した。

「まあ、一服しろよ」

年配刑事がタバコを差し出した。

熊谷は深く吸いこんだ煙をゆっくり吐き出してから、

「刺したのは私です」

淡々と言った。

「うん、わかった。署に着いてからゆっくり聞かせてくれよ」

黙秘する理由も、責務も、大義もなくなった熊谷は、こうしてすべてを自供した。

荏原署の取り調べで、今日はコーヒーが出た。

「菓子、食べるか?」

「いただきます」

自供したことよりも、否認する必要がなくなったということに、熊谷の気持ちは軽くなっていた。刑事にしても自供の調書を取れば攻防は終わり、ツノを突き合わす必要もない。ドスはすでに発見して回収してあった。D雄が歌ったのか、熊谷が溝に捨てるのを見た者がいたのか。熊谷にとって、いまとなってはどうでもいいことだった。

「ドスはこれだな」

と言って年配刑事が確認のため見せた。

熊谷は驚いた。豆腐を刺すようにスッと相手の体内に入ったはずなのに、ドスの先端が折れていて、なおかつ曲がっているのだ。傷の深さは13・5センチと聞いている。人を斬ると刃こぼれすると剣豪小説で読んだ記憶があるが、人間の身体の頑強さに熊谷は驚きながら、曲がった切っ先をまじまじと見つめるのだった。

「よく死ななかったもんだ。おまえは、運がいいな」

年配刑事が言った。

「相手も」

と応じかけて、熊谷は言葉を飲んだ。刑事の言うとおりだと思った。警察官になる夢は吹っ飛んでしまったが、相手が死んでいれば人生まで失うところだった。

本気で警察官になりたいと念じていたし、そのための勉強もしていたが、のちになって当時を振り返れば、ドスを自宅に置くこと自体、自分には警官になる資格がなかったのだろうと熊谷は思うのだった。

あの時の冷静さを考える

刃物を用いた凶悪事件が起こると、刺し傷や切り傷の数で凶悪性を無意識に判断する。「メッタ刺しにして」とニュースで報じられると、犯人の冷酷さや精神の異常性に眉をひそめる。一度しか斬りつけていない、一度しか刺していないとなれば、思わずカッとなって凶行におよんだと思う。ある意味、同情の余地があるということでもある。

熊谷の場合は違った。その昔、『練鑑《ねりかん》ブルース』で知られる東京少年鑑別所（通称、練馬鑑別所）に送られるのだが、ここで四回の精神鑑定を受けている。少年が人を刺す場合、恐怖心と異常な興奮状態から何が何だかわからなくなり、気がついたらメッタ刺しにしていたというケースが多い。ところが熊谷は、狙い澄ましたように一突きで、深々と13・5センチの傷を負わせている。

この冷静さが引っかかったのだ。熊谷少年はどういう心理状態にあったのか。平然と刺せるのは精神に問題があるのではないか。鑑別所では疑問を持ったのだった。

「木の絵を描いてみてください」

「何色が好きですか？」

「もし今日、絵を描くとしたら、何色のクレヨンを使いますか？」

さらにカードになった人物写真を十枚ほど見せ、

「このなかで気にくわない顔の人を選んで下さい」

といった心理テストが四回にもわたって入念に繰り返された。こうした事件の場合、一度は精神鑑定にかけられても、四回は異常といってよい。それだけ熊谷の行動が不可解に思われたのだろう。

精神状態に問題はなかった。事件当夜、自分では冷静だったつもりはないが、パニックにならなかったということにおいて、やはりどこか醒めたものがあったのかもしれないと、これは当時を振り返っての熊谷の思いだった。

熊谷が子供のころ、母親からヤクザ事務所の前を通ってはいけないと注意された話を先に紹介した。これは大井町で起こったヤクザによる刺殺事件がきっかけだった。組員の移籍をめぐって東西の大組織がトラブルになり、配下の一人がヒットマンとして飛ばされることになる。ヒットマンは移籍した組員を大井町の飲み屋街で刺殺するのだが、刺し傷が三十ヵ所以上におよび、残忍な抗争事件として大きく報道された。ヒットマンは長い懲役に行く。

そして、熊谷がヤクザになって頭角を現し始めたころのこと。二人は偶然、知り合う。男は出所して、同じ会で現役をやっていた。あのメッタ刺し事件の張本人だと知って、熊谷は驚きつつ、子供心に事件のことは覚えていると話してから、そのときの心境を問いかけると、男はこう答えた。

「気がついたら何十ヵ所も刺していたってこと。必死というのとはちょっと違いますね。パニックってやつでしょう。向こうだって自分を守るために私を殺そうとするんですから、無我夢中で刺しちまったんですよ」

素直にそのときの心情を口にした。

この話を聞きながら、熊谷は鑑別所で受けた精神鑑定を思い浮かべていた。なぜ自分はパニックにならなかったのか。確信の行為であったことは事実であったとしても、どこか一点、醒めた自分がいるような気がしたのだった。

五分で帰った母の面会で、考えたこと

秋口になって、

「熊谷、面会だ」

と告げられる。

担当したベテラン刑務官は、親の面会がないことを不憫に思っていたのだろう。声が弾んでいるようだった。

面会室で向かいあうなり、母親は大井町から鑑別所のある練馬・氷川台に来るまで、いかに大変だったかをこぼし始めた。品川駅で山手線に乗り換え、さらに池袋で東武東上線に乗り換え、上板橋駅で下車して十数分ほど歩くのだが、乗り換えに迷い、道に迷い、足が痛くなったと言う。親が面会にくると、鑑別所の売店で売っているアンパンやジュースなどを買ってやり、それをおいしそうに食べるわが子に涙するものだが、熊谷の母親は違っていた。手ぶらで、下着一枚の差し入れもなかった。

「正敏、遠いよ、ここは」

「そうか、母ちゃん、大変だったな」

「うん。じゃ、帰るから」

こぼすだけこぼすと、わずか五分で立ち上がった。

立ち会っていたベテラン刑務官が驚いて、

「お母さん、時間ならまだ大丈夫ですよ」

と引き止めるように言ったが、

「いえ、顔を見たからもう結構です」

取りつく島もない言い方だった。

母親は事件のことにはまったく触れなかった。「元気にしているか」と気づかうことも、「身体に気をつけろ」という言葉もなかった。今後のことについてはいっさい問わなかった。「また来るよ」とも言わないで帰って行った。

ベテラン刑務官が言った。

「こんな言い方をしたらおまえに申しわけないけど、刑務官を拝命して二十七年になるが、こんな母親の態度は初めて見たよ」

そう言って、自腹でコーラを買ってくれ、

「だけどな」

と言葉を継いだ。

「五分で帰って行ったけど、おふくろさんは電車を乗り継いでここまで来てくれたじゃないか。そこのところは考えろよ」

そう言って、熊谷の肩をポンと叩いた。

「親を恨むな」ということを刑務官は言外にさとしたが、熊谷は母親を恨む気持ちは正直言ってなかった。母親の立場になり、母親の性格を考えると、あの態度はごく自然なものだったろう。「おまえは熊谷家の子じゃない」と激怒して当然だし、そもそも面会になど来るはずがない。足を運んでくれたのは、母親のやさしさだと熊谷は受け取った。着替えの一枚も差し入れせず、手ぶらでやって来たのは、可愛さの裏返しとしての腹立たしさだったのだろう。

後年、年老いた母親が病に伏したとき、熊谷は千葉県内の病院に入院させ、毎日のように見舞っている。母親にしてみれば自分のお腹を痛めた子供であり、子供にしてみれば、母親のお腹を痛めさせてこの世に生を受けた。子供の成長とは巣立つことであり、巣立ちとは子供が新たな価値観を持つことだ。だから母子の愛情や絆は子供の成長につれ、次第に屈折していく。溺愛も愛情なら、突き放すのも愛情であり、その機微は他人にはうかがいしれないものがある。

ベテラン刑務官の「五分で帰って行ったけど、おふくろさんは電車を乗り継いでここまで来てくれたじゃないか」という一言は、のちのちまで熊谷の人生観に大きく影響を与えることになる。

「五分で帰ったから薄情だと考えるか、五分だけでも来てくれたと受け取るか」というものの見方であり、どっちに立つかによって、「来た」という行為の意味は百八十度変わってくる。

「これを最初は〝取り方〟というふうに考えていたんですが、組を持ってからは〝受け取らせ方〟ということを考えるようになった。刑務官の先生は深い意味もなく言ったんだと思いますが、受け取る私は考えさせられた。一つの言葉に触発されて、いろんな考え方に拡散していく。言い換えれば、長の名のつく立場にある者は、自分の言動が下の者にどう波及していくかを常に念頭に置いておかなければならないんじゃないか。そんなことを考えるようになっていった。

ヤクザ社会は上意下達です。こっちが何の気なしに若い衆にガツンと言ったことが、その人間にとって、今後の人生を大きく左右するほどのショックになることもある。反対に、ちょっとした一言が感激させることもある。これはビジネス社会も同じでしょう。だから私は常々こう考えているんです。九つ悪いことを言っていても、たった一つの言葉で九がすべて消えてしまうことがある。反対に九つがよくても、最後の一つで九つ全部がひっくり返ることもある。

怒り方、誉め方、さとし方といったことは、上に立つ者は自分なりに分析しなくちゃならない。ガツンと叱って、下の者が反省の言葉を口にしたからといって納得しているとは限らない。

相手の地位に頭を下げていることも少なくないでしょう？　ここを見誤ると強烈なしっぺ返しをくらうことになる」

組織における人間関係はガラス細工のように、繊細で脆《もろ》いものだ。上意下達にあぐらをかけば、たちまちにして壊れてしまう。熊谷が経験から学んだ処し方の一つであった。

第四章

「公《こう》」と「私《し》」の狭間

見込まれた義理堅さと人間性

日本経済はバブル景気前夜を迎え、右肩上がりの成長を遂げていた。高卒の初任給が十万円を超えたのは一九八〇年だから、熊谷が鑑別所を出た前後ということになる。土地は倍々ゲームで高騰を続け、一般庶民までが財テクに走るなど〝稼ぐが勝ち〟の異様な熱気に満ちていた。この年、日本の自動車生産台数は米国を抜いて世界一となる。

闇で土地が動き、不明朗な資金が地下水脈を走れば、表経済の影であるヤクザ社会にも膨大な資金が流れる。地方のヤクザ組長が八億三四六〇万円の所得を申告し、長者番付の五位にランクインして世間の耳目を集めたのも、このころのことだった。

だが、勤め人でもなく、ヤクザでもなく、社会の表裏の狭間に生きる熊谷は、進むべき方向を見いだすことができないでいた。学歴があるわけではない。刺傷事件も起こしている。いまも保護観察は続いている。勤め人になるのは難しいだろう。手に職をつけるしかないと漠然と考えてはいたが、では具体的にどうすればいいかということになると五里霧中で、その場に立ちつくすばかりだった。

そんな熊谷を見て、地元の先輩で四歳上のY川が喫茶店に誘って言った。

「クマ、うちに来ねぇか」

「西山組にですか？」

「ほかにどこがあるんだよ」

大井町で「組」と言えば、稲川会碑文谷一家西山組のことを言った。大都会の繁華街であれば縄張りが錯綜していて、店ごとに仕切る組が違ったりもするが、地方都市やJRの駅がある街はきっちり縄張りが決まっていて、各組織が命懸けで守っていた。西山組の組員は地元の人間がほとんどで、Y川のようにヤンチャをやっていた先輩たちはまず準構成員（準構）となり、正式に盃を受けて組員になっていた。

「ヤクザになるのは、自分はちょっと」

「そんな顔しなくてもいいじゃないか。おまえなら、すぐにいい顔になれるぜ。それに」

と言葉を継いで畳みかける。

「こんなこと言っちゃ何だけど、おまえ、事件起こしてんだろ。ヤクザになるなら勲章だけど、人を刺したとなると、勤め人になるのは難しいんじゃねぇか」

熊谷は当惑する。ヤクザという選択肢はまったく念頭になかった。道徳的なことからではない。ヤクザに関心を示さなかったのは、組織に縛られることを嫌ったからだった
それに自分がヤクザになれば、堅い仕事に就いている父親と兄二人に迷惑がかかるという思いもあった。

「せっかくですが、先輩」

「そんなこと言わないで考えてみてくれよ」

と、Y川先輩は結論を持ち越した。

熊谷の性分ならハッキリと断るところだが、自分を見込んでくれたということに対しては感謝すべきだと思った。それに何くれとなく世話にもなっているし、この先輩のことが嫌いではない。熊谷としては精いっぱい先輩の顔を立てたのだった。


Y川が見込んだのは熊谷の度胸だけではなく、義理堅さに人間性を見ていた。その性格から是々非々を貫いてしまうため人づきあいが不器用な熊谷だったが、意外にも、Y川先輩にお中元としてカルピスを持ってアパートを訪ねたことがある。高校在学中だから十六、七歳のころだった。

「クマ、なんだ、これ?」

Y川先輩が驚いた。

「お中元です。いつもメシに連れてってもらってますので」

「えっ、おまえこういうの誰から教わったの? 俺だって、こんなことしたことないよ」

当時、まだ準構成員だったY川は目を丸くした。

熊谷は世長《よた》けた意味で、お中元を持って行ったのではなかった。子供心に、世話になった人にはそうするものだという刷り込みがあった。父親が国鉄本社のそれなりの立ち場にいた関係で、盆暮れになるとたくさんの届け物があった。兄弟三人はこれを楽しみにしていて、海苔やお茶だったらガッカリだが、最上がカルピスだった。濃縮を水で薄めて氷を入れて、あの甘酸っぱい味は忘れられなかった。それで、先輩に持って行くお中元はカルピスがいいと思ったのだった。

Y川先輩に西山組に入らないかと誘われた時、熊谷はカルピスを届けた三年前の夏から自分に目をつけていたのではないかと、ふと思った。

あのときY川先輩は、

「今度、西山組の人たちと熱海に海水浴に行くんだけど、おまえも一緒にどうだ? 二泊三日なんだ」

と、思い出したように言った。

「すいません、先輩。自分は宿泊費とか、そういうの持ってないもんで」

「いいよ、そんなのは。カルピスのお返しだ。ただし、小遣いは自分持ちだぞ」

念を押すように言った。盃をおろされ、準構から正式な組員になったとはいえ、Y川先輩はまだそこまでお金が回らなかったのだろう。そういう正直なところが、一本気の熊谷と波長が合った。お金を出してやるとまで言われて断るわけにはいかない。

「じゃ、お願いします」

頭を下げて言った。

西山組の兄ィたちは大型のアメ車を連ねて熱海に向かった。派手なアロハにサングラスをかけた男たちが乗っている。一見してヤクザとわかる。家族連れのファミリーカーがスピードを落として道を譲り、暴走族の前身となるカミナリ族から後方からクラクションを浴びせられ、大慌てで脇に避けた。

同乗する熊谷も悪い気はしない。動物はもちろん、魚だって昆虫だって周囲を威嚇し、エサを他者に取られないようにする。力の誇示は生存本能であると同時に、感情の生き物である人間は、理屈を超えて「強さ」に快感と優越感を覚える。ヤクザだけではない。ビジネスマンが権威、権力、地位の獲得を目指して熾烈な競争に身を投じるのは、現実的な利益だけでなく、上位に立つことの快感と優越感を味わうことができるからだ。精神構造においてヤクザと同質である。

だから、勉強のできる若者は一流大学を目指す。表社会から落ちこぼれ、行き場を失ってなお上昇志向を持つヤンチャな若者はヤクザ社会に身を投じる。表裏の違いがあるだけで、てっぺんを目指すという野心と努力に優劣はない。あえて言えば、生命《いのち》が懸かるということにおいて、ヤクザ社会のほうがよりシビアであることは確かだ。

「ヤクザとして成功する人間は、カタギ社会でも成功する」

と言われるのは、そういうことを指している。

少年の熊谷に、そこまでの考えはない。当時、熱海に稲川会の本部と本家があり、それで一行は馴染みのある熱海の海岸に出かけたのだが、ヤクザ社会に疎《うと》い熊谷はそんなことも知らなかった。海の家で兄ィたちは酒を飲み、それぞれが食べたいものを片っ端から注文していく。テーブルの上に無造作に置かれたワニ革の財布がパンパンにふくらんでいる。羽振りのよさに熊谷は感心するばかりだった。

それから三年——。熊谷は高校を退学になり、人を刺し、目まぐるしく人生は展開していき、いまY川先輩から西山組に誘われたのだった。

「この世界に自分は向いていない」と悩んだ末に

言外にノーを伝え、それで一件落着と思っていた熊谷に、再びY川先輩から声がかかった。

一カ月ほどが経っていただろうか、居酒屋に誘った席で、

「で、クマ、考えてくれたかい?」

と切り出してきた。

「ええ、それがなかなか」

言葉を濁した。熊谷の気持ちはノーに傾いていたが、Y川先輩の顔を立ててイエスともノーとも答えなかった。自分がヤクザになれば、父親と兄二人に迷惑をかけるという思いがどうしても拭いきれなかったことのほか、〝手に職〟という思いがあった。ヤクザは昼まで寝て、いい格好《なり》をして、いいクルマ乗って、うまいものを食って、朝まで高級クラブを飲み歩いている。技術は不要の世界で、ヤクザになっても〝手に職〟とはならない。そんな世界に入ってどうするのかという気持ちがあった。のち稼業に就いてみて、これはとんでもない思い違いだったということになるのだが、ヤクザ社会を知らない熊谷はそう思っていた。

だが、「父親のため兄のため」を理由にするのは、いい子ぶっているようで照れ臭い。「そんな世界に入ってどうするの」とは現役組員に向かって言える言葉ではない。それで返事を濁せば、

「クマ、そんなに難しく考えることないじゃないか。俺なんかも迷ったけど、飛び込んじゃえばどうってことないから」

説得にかかる。

「まだ気持ちの整理がつかないんで、すみません」

熊谷はそう言って逃げた。

世間では「ヤクザなんかになって」と言って眉をひそめるが、世間が思っている以上に、ヤクザ社会に飛び込むのはハードルが高い。表社会から裏社会に通じる道は平坦でも、その逆は険しい山道になっていることがわかっているからだ。盃を呑んだらカタギにはもどれないという覚悟が求められる。

だが人生は、徒競走のようにヨーイドンで始まるとは限らないし、覚悟をもって踏ん切ることのほうが少ない。誰しも来し方を振り返って見ればわかるように、現実は必ずしも意志や希望を体現するものではない。気がついたらいつのまにやら走っていた——これが人生の実相ということになる。

Y川先輩からお茶の誘いが多くなった。

「決まったかい？」

「それがまだ」

「そうか。じゃ、明日、またここで」

そんなことが何度か繰り返されてから、Y川先輩が言った。

「クマよ、実は、おまえがウチに来るって、K山の兄貴に言っちゃったんだよ」

「えッ？　自分は何も返事してないじゃないですか」

「だっておまえ、イエスともノーとも言わなかったじゃないか。ノーならノーと言ってくれればよかったのに」

「そりゃ、そうですが」

という言葉を飲み込む。

気を使って返事をハッキリさせなかったのはこちらの勝手であって、意を汲み取ってもらえなかったことの非は自分にある。そう考えるのが熊谷だった。もし自分が曖昧な態度を取ったことで先輩に迷惑をかけたのであれば、その責任は自分が負わなければならない。

「あのう、自分が西山組に行かなかったら、先輩は何かケジメのようなものをつけなくちゃならないんですか？」

「俺はともかくとして、K山さんは組におまえのことを話しているんじゃないかと思うんだ。来ないとなると、やっぱりメンツじゃねぇか？」

K山兄貴のメンツがつぶれる——そう言っているのだった。

兄貴分のK山とはつき合いはないし、まともに口をきいたこともないが、地元つながりで顔見知りだった。喫茶店で会うと、熊谷の伝票をさっと持っていってくれたこともある。そんな人にまで、自分がハッキリ返事をしなかったことで迷惑をかけることになった。Y川先輩が決断をうながすためにハッタリをかけたとは熊谷は考えない。そういうことをする先輩ではなかったし、よしんばそうであったとしても、ノーを明確に告げなかった自分が悪い。

熊谷は事態を深刻に受けとめる一方で、思っていたとおりヤクザ社会はメンツだ何だと複雑で、窮屈な世界であることを再認識した。

（自分には向いていない）

と、改めて思った。自分でケジメをつけ、組に入るのをハッキリ断る覚悟をした。夕刻、熊谷は雀荘『J』に向かった。一階が喫茶点になっていて、熊谷はここによく顔を出していたので、Y川先輩がこの時刻はたいてい『J』にいることを知っていたのだった。

カタギなのに指を飛ばそうとした

喫茶店に入ると、アイスコーヒーを注文してからカウンターの中に入った。ゴソゴソ探しものを始めたので、

「クマちゃん、どうかしたの？」

マスターが怪訝な顔で声をかけたがそれには答えず、包丁を見つけると、それを手に持って出てきて、

「マスター、まな板ないの？」

「何するんだい」

「なきゃいいよ」

と言って席に戻ると、テーブルの上に左手を置き、小指だけを伸ばし、残りの四指を握り締めた。

「ちょっと、クマちゃん！」

マスターが叫んだが無視して、小指は手のひらの側が上だったか甲の側だったか……。勝手がわからず戸惑っていると、ドヤドヤと音がして雀荘からY川たちが駆け下りてきた。マスタ

ーが受話器をもどす。雀荘から注文を受けるため、内線が引かれていた。マスターが知らせたのだろう。

「クマ、冷静になれ」

Y川が叫んだ。

「自分は冷静ですよ」

「いいから包丁を置け。マスターと何があったら知らないが、今度やったら懲役だぞ」

「違いますよ、先輩。マスターを刺すわけじゃない」

「じゃ、おまえ、何やってんだ?」

熊谷はちょっと逡巡してから、

「実は指を詰めようかと思って」

と言った。

「指だと?」

「先輩、自分が組に入るってK山さんに報告したと言ったでしょう。だけど自分は入らないって決めたもんで、そのことでもしK山さんにご迷惑をおかけしたとしたら、K山さんにも先輩にも申しわけないじゃないですか。自分なりのケジメです」

「おまえ、カタギだろう。考え過ぎだよ」

「ちょっと待ってください、考え過ぎるようにさせたのは先輩じゃないですか」

ムッとした顔を見せてから一気にしゃべった。

「この一カ月半、自分は何も考えなかったわけじゃないですよ。ハッキリ言って毎日のように考えました。まともな就職はできないが、組に入ったら親兄弟に迷惑をかける、じゃ、名前を変えて組に入ったらどうかだけど事件を起こして新聞に載るときは本名が出てしまう。それに自分は性格的に組織でやっていける人間じゃない。あれやこれや考えてノーを言わないうちに、先輩がK山さんに話し、K山さんも組に報告みたいな形で話しているらしいってことになった。K山さんのメンツをつぶすことになるかもしれないって」

ひと息入れて、

「自分がケジメをつけるとしたら、指を詰めることくらいしかできないじゃないですか」

「わかったよ、クマ。指はいいから飲みに行こう」

Y川が熊谷の肩に手を置いて言った。


組員でも準構でもない十代の若者が指を詰めるなど、発想そのものが尋常ではない。正式に組に入ると返事をしたのならともかく、名の知れた組が十代の若者一人をめぐって責任《ケジメ》だ何だと迫るわけがない。客観的に見れば、熊谷はノーと言わなかった自分が悪いとして過剰反応したということになるだろう。

だが後年、三十代で稲川会直参という最年少レコードをつくった時点からこのときを振り返れば、

「カタギなのに指を飛ばそうとしたんだ」

と称賛される。

尋常ならざる行為が一転、伝説的エピソードになる。ここに〝あと理屈〟という人物評価の曖昧さがある。組織において人材は宝だ。宝の目利きは組織トップの責務であり、〝あと理屈〟でなく、その人間の資質と将来性を現時点でどこまで見抜くことができるか。この人物眼がなければ若手の育成もできず、適材適所という組織の基本フレームを構築することもできないことになる。

指を詰めようとした熊谷に驚きはしても、その資質を見抜く者は少なかった。

その夜、二人は大井町の盛り場を飲み歩いた。

Y川にしてみれば、自分の顔を立てようとしてくれたことがうれしかった。いい後輩を持っていると、K山の兄貴は思ってくれるだろう。そんな男を組に入れようとしたのだから鼻も高い。一方の熊谷は、指を飛ばす緊張感を引きずっていて、気持ちが高揚していた。

二人は饒舌だった。

「カタギのおまえがよォ、何で指を詰めるんだ」

「ケジメっスよ」

「たいした度胸だぜ」

「でも、西山組には入りませんよ。これだけは言っておきます」

飲むにつれ酔うにつれ、同じ話題を何度も繰り返していた。

泥酔した二人は肩を組み、もつれるようにしてY川のアパートに帰ったときは、空が白々と明けはじめていた。

初めて足を踏み入れたヤクザ事務所

カーテンの隙間から春先の陽光が差し込んでいる。

昼間になって目が醒めた熊谷が、顔をしかめた。頭の芯がズキズキと痛む。吐き気もする。口の中が粘ついていて、吐息が酒臭いような気がした。隣でY川先輩が鼾《いびき》をかいている。宴のあとの寂寥感とでも言うのか、昨夜、あれほど盛りあがったのが信じられないような気分だった。

熊谷が起き上がって、台所の水道で水を飲む。Y川が目覚めると置き時計に目をやって、

「いけねぇ、行くぜ」

と言って跳ね起きた。

「どこへ？」

「競馬場だ」

「先輩、自分は競馬はあまり……」

「そんなこと言わねぇでつき合えよ」

昨夜は奢ってもらったし、用事があるわけでもない。熊谷は先輩について大井競馬場に出かけた。馬券ならノミ屋を通せば電話一本ですむ。わざわざ競馬場に足を運ぶのは、競馬そのものが好きなのだろう。

Y川はパドックの最前列に陣取る。手に赤鉛筆を持って、イレ込んでいるとか、馬体重がどうとかブツクサ言いながら競馬専門紙に走り書きしたり、印をつけたりしている。派手な服装《なり》に濃いサングラスは一見してカタギとは思えず、周囲の人たちは身体を接触しないよう気をつけているようだった。

「クマ、やらないのか？」

「自分はよくわからないので」

「金《こま》ならまわすぜ」

「いえ、結構です」

熊谷は高校時代からパチンコ専門だった。腕に自信がある。大勝を狙わないで玉が適当に出たところで切り上げれば、まず負けることはない。こういう打ち方をヤクザ社会では「所帯博《ばく》奕《ち》」と嘲笑する。命の次に大事な金だからこそ、それを惜しむのは所帯じみていてみっともないというわけだ。大金を賭けるのはスリリングで、ここに面白さがあるのだが、人生そのものを賭して生きる熊谷には物足りないのかもしれない。

地方競馬場はパドックのすぐ近くで馬を見ることができる。二日酔いで、めったに競馬場に足を運ばない熊谷は馬の臭いが鼻について吐き気が込み上げてくるが、Y川は平気な顔で予想に熱中していた。

Y川は三レース勝負して六十万円ほどを手にした。その金で飲み明かし、翌日も昼から競馬に出かけて大勝した。

「クマ、おまえと行くと的中するな。勝負運を持っているんじゃないのか?」

と真顔で言った。

Y川のアパートで三、四日ほど過ごし、そろそろ帰ろうかと思っていると、

「俺、これから事務所に顔を出さなきゃいけないから、ちょっとつき合えよ」

と言われた。

帰り道でもあり、熊谷はついて行った。

初めて足を踏み入れるヤクザ事務所だった。額に収まった稲川会の〝稲穂の代紋〟、そして壁に掛けられた六、七張りの弓張提灯《ゆみはりぢょうちん》は一家名の墨痕が鮮やかで、独特の雰囲気を醸し出していた。七、八人ほどの組員が詰めている。目つきに隙がなく、一市民がここに連れ込まれたら震えあがるだろうと、そんなことを熊谷は思っていた。

「兄貴、こいつが熊谷です」

Ｙ川が改めてＫ山に紹介した。

熊谷が頭を下げると、

「おまえ、指を落とそうとしたんだってな」

「はい」

「指は大事にするんだぜ。二度と生えてこねぇからな」

笑ってから、

「ゆっくりしていきな」

と言って若い者を連れて事務所を出て行った。

熊谷はむろん知らないが、あとでK山がY川にこう言った。

「あの熊谷ってのは使えるな」

組に引きこめと言外に命じたのである。稼業で揉《も》まれたK山の嗅覚だった。組織は人材勝負であり、とりわけヤクザ社会においては命知らずは一騎当千だが、めったにいない。Y川にしても、熊谷が自分のそばにいてくれるのは心強いことだったろう。

こうして熊谷は事務所に出入りするようになった。

Y川もK山も、組に入れとは一言も言わない。「入れ」と言ったら顔を見せなくなると思ったのかもしれない。白黒つけないでグレーゾーンに置いておいて、既成事実として取り込んでいこうとしたのだろうと、熊谷はあとで振り返る。用事を命じられることもない。K山の兄貴がたまに小遣いをくれる。Y川先輩も飲みに連れていってくれるし、スーツも買ってくれる。世話になっていた。お客さんではないが、組員でもない。何となく事務所に出入りしていたというスタンスだった。

相手が一枚も二枚も上手ということになるが、そういうことも含めて、熊谷は結局、縁にたぐり寄せられるようにしてヤクザになっていくのである。

事務所に出入りし始めて二カ月ほどして、否応なく西山組の一員に連なる事件が起こる。山口組X会と利権のことで抗争が起こったのだ。

自分だけ安全圏に身を置くのは潔くない

組員に待機がかかった。外出禁止で、臨戦態勢をとる。熊谷は組員ではないし、この時点では組員になるつもりもなかったが、性格からして、自分だけ安全圏に身を置くのは潔しとしなかった。

当時、西山組は部屋住み用にアパートの一室を事務所近くに借りていたので、そこに寝泊まりした。まさか組員でもない自分に行ってこいとは言わないだろうという楽観もあった。朝十時に事務所に入り、夜の十時まで十二時間待機し、それからアパートに帰る。こんな日々が三カ月も続くことになるとは思いもよらなかったことだった。

いまの時代は抗争が起きても、余程のことでなければ二、三日で話がつく。抗争は当局に取り締まり強化の口実を与えるだけで、リスクの割りにはメリットがないからだ。だが、熊谷が西山組に出入りしていた一九八〇年代は依然としてヤクザ戦国時代で、全国各地で抗争が頻発していた。

そんなさなか、熊谷が用事を言いつけられて事務所を外出したのと入れ違いに、母親が訪ねてきたことを、あとで組の事務局長から知らされる。流れ者グループを刺して警察に逮捕されたとき、母親は一度も顔を見せなかったし、鑑別所に面会に来たときは差し入れもなく、わずか五分で帰っている。その母親が事務所にやって来たというのだ。

「本当に自分のお袋ですか？」

思わずきいた。

「そうだ」

人望家の局長が穏やかな口調で言った。

「で、何か言ってましたか？」

熊谷が眉をしかめたのは、物怖じしない性格だけに失礼なことを言ったのではないかと危惧したからだった。

母親はいきなり、

「うちの息子はここでヤクザをやってんですか？」

と問いかけたという。

これに対して局長は

「ここにはいい、いますよ」

と答える。正式な組員ではないのでヤクザをやっているというわけではないが、事務所に出入りしているのは事実だから、そういう言い方をしたのだった。だが、母親にしてみればヤクザであることに変わりがない。

「辞めさせるにはどうしたらいいですか?」

単刀直入にきく。

「辞める辞めないは本人の意志です。うちが強制しているわけじゃないんでね。これは親分以下、徹底していますから。したがって、あれやれ、これやれと命じることはないんで、お母さんは心配することはないですよ」

そう告げて帰したと、局長は説明して、

「泣いてたぞ。電話してやったほうがいいんじゃねぇか」

と言った。

昼食代を百五十円しかくれなかった母親、十万円の〝手切れ金〟で家から出した母親、そして鑑別所から五分で帰った母親……。その一方で、ヤクザ事務所を単身訪ね、息子を辞めさせるために涙を流す。この落差に、熊谷は母親の愛情を見る思いだった。

母親に電話した。

——正敏、とにかく帰ってきなさい。

何カ月ぶりかの会話だったが、母親は「元気か」とも問わないでいきなり言った。相変わらずだったが、いま抗争が起こって待機がかかっているとは言えない。近いうち顔を出すと言って電話を切った。

母親が訪ねて来たことについて、K山が心配して言った。

「おい、クマ。いっぺん実家に帰って、きっちり話をしてきたらどうだ」

気遣ってくれるのはありがたかったが、一方で、もし自分がK山の兄貴の立場だったら、みずから足を運んで〝私が責任を持ってお預かりしますから安心してください〟と言うだろうという思いがよぎる。上に立つ者は下の者をかばい、「この人なら」と母親から信頼される人間でなくてはならないし、そういう人間になりたいと思うのだった。

組がヒットマンに襲われた

臨戦態勢も三カ月が過ぎようとしていた。

小競り合いはあったものの、発砲事件もなく、組内の志気も少しずつ下がっていく。組の上層部同士で話し合いがもたれているはずだが、双方のメンツが絡み、容易に着地点が見つからないのだろうと熊谷は想像はするが、何がどうなっているのか、末端の人間はうかがい知ることはできなかった。

昼前のことだった。一応、警戒のため、熊谷は先輩たちにまじって事務所前にたむろして談笑していた。

タイヤの軋む音がした。

振り向くと、二百メートルほど先で黄色いカローラがUターンし、猛然とこっちに向かって走ってきた。

「来た来た来た！」

誰かが叫んだ。組員たちがいっせいに事務所のドアに走る。事態が呑み込めない熊谷は突っ立っていた。カローラが急接近する。助手席のスキンヘッドが何やら黒いものを手に構えているのが見えた。

（拳銃《チャカ》だ！）

熊谷もドアに走ろうとした。先輩たちで押しくら饅頭のようになっていた。並んで立っていた先輩のMが咄嗟に地面に伏せた。熊谷も反射的にそれに習った。

――パン、パン、パン！

タイヤがパンクしたような乾いた音が三発した。

心臓が早鐘を打っている。

（これは遊びじゃないんだ！）

地面に這いつくばったまま、熊谷はヤクザという現実に目が醒めた。自分はこれまで、その他大勢の生き方をしてこなかったという自負があったが、そんなものは銃声三発で木っ端微塵に吹っ飛んでしまった。

「クマ、大丈夫か」

先輩が伏せたまま声をかける。

「大丈夫です、先輩は？」

「俺も大丈夫だ」

声をかけ合いながら戦場だと思った。顔を上げることができなかった。カローラが停まっていれば狙い撃ちされる。死がリアルなものとして目前にある。恐怖に身体が震えた。肩で風切って歩くだけがヤクザじゃない。ひとたび事が起これば命が懸かる。口で言うほど生やさしいものではなく、熊谷のヤクザ観が変わった。

気配で、M先輩が立ち上がるのがわかった。熊谷がそっと顔を起こす。カローラはいなかった。周囲をうかがってから先輩に続いて立ち上がった。調べると、停めてあった組のクルマのボディに一発穴が空いていた。あと二発はどこへ飛んでいったかわからなかった。ボディに空いた穴を指でなぞりながら、これがもし自分に当たっていたらと思うと、背筋が寒くなるのだった。この一件は熊谷の人生に、とてつもなく大きな影響を及ぼすことになる。

「クマ、よく逃げなかったな」

K山が感心する。

「いえ、自分は」

逃げ遅れただけだと言おうとしたら、M先輩がそれをさえぎるように、

「こいつ、たいしたもんですよ」

とヨイショした。一緒にその場にとどまった先輩がそう言っているのに、「逃げ遅れただけです」とは言いにくくなり、熊谷のことは、話がふくらんで先代の西山輝に報告が上がる。西山組長が事務所に顔を出したとき、紹介された。組長の顔は何度か見て知っているが、口をきくのは初めてとあって、熊谷が身体を固くして直立した。

「おまえ、逃げなかったんだってな」

西山組長が言う。

「表にいただけです」

嘘がつけない熊谷が正直に言ったが、謙遜と受け取ったのだろう。

「そうか。頑張ってやってくれよ」

とだけ言って、事務所をあとにした。

X組との抗争は手打ちとなり、待機が解かれた。夜、部屋住みをしている仲間五人と銭湯に行き、アパートに帰って寝床で考えた。組員になると返事したわけではないので、ヤクザの自

覚はない。となれば、「カタギになる」という言い方はおかしいことに気づく。

カタギになるのはヤクザであって、自分はヤクザではない。事務所へ行って「足を洗わせてください」というお願いは成立しないし、組に入ったわけでもないので「辞めさせて下さい」ということも成立しない。逃走《トンズラ》するしかないということになるが、「熊谷が大井町から逃げて行った」と言われたくない。どうすることもできない。となれば流れにまかせるしかない。熊谷は自分に言い聞かせた。現状維持。これまで住んでいたアパートを引き払い、取りあえず部屋住み生活する決心をする。

この年――一九八〇年五月二十三日、黒澤明監督の『影武者』が第三十三回カンヌ国際映画祭でグランプリ（パルム・ドール）を受賞。二十六年ぶりの快挙として国内外で話題を集め、当時、日本国内で歴代一位の配給収入を記録する。熊谷も映画館に足を運んだが、まさかその二十八年後、自分がカンヌのレッドカーペットを踏むとは冗談でも思わなかったことだろう。

人間社会は〝椅子取りゲーム〟ヤクザもカタギも変わらない

駆け出しの若い衆は親分宅や事務所、あるいは事務所近くに借りたマンションやアパートなどに起居し、自炊しながら雑用のいっさいをこなすことで、ヤクザとしてのイロハを叩き込まれていく。これが部屋住みと呼ばれるヤクザ社会の人材育成法だ。半年から長くて三年程度で、十人いて残るのは一人いるかいないか。入門三日目にタバコを買いにやったらそれっきりドロンということもある。しかるべき組織で正式な組員になるのは、世間が考えているほど簡単ではない。近年、若者の意識の変化や住宅事情などから部屋住み制度は少なくなってきたが、企業における研修と同様、部屋住みは必要だとする古参組長や幹部は少なくない。

新人の多くが夢と希望をいだいて組織に入ってくるのは、企業に就職する新卒も、ヤクザの組に入ってくる不良も同じだ。

部屋住みたちは部屋で缶ビールを飲みながら、

「俺は三十までに組を持つ」

「将来は絶対に直参になってみせる」

と口々に語る。

夢は若者たちにとって最高の肴《さかな》だったが、熊谷だけは寡黙だった。行きがかり上、やむを得ず部屋住みをやっているのであって、描くべきビジョンがない。どのタイミングで辞めるか、関心事はその一点だった。人の紹介で入社した新卒が、どういう口実で辞表を出すか頭を悩ますようなもので、将来のことなど頭の片隅にさえなかった。

それでも、部屋住みとしての仕事は手を抜くことはしない。いずれ辞めるにしても、それまで義務を果たすのは当然だと考えるのが、熊谷の性格だった。

熊谷たちが寮と呼ぶアパートは三部屋のほか、台所と居間があった。二段ベッドが二つ、あとは畳の上に布団を敷いて寝た。熊谷は新参者だったが、二段ベッドの下の段を専用として使用した。あるとき、ほかの者がここに寝ていたので、

「ダメだよ、ここは俺のベッドだから」

ピシャリと言った。

「そんなこと、いつから決まったんだ」

「決まっちゃいないけど、俺がずっと使ってるだろう」

将来のビジョンは持っていなかったが、縄張り意識というヤクザ的な観念は部屋住みの誰より強かったということになるだろう。


部屋住みは当番制で洗濯、炊事、掃除、電話番など交代で分担する。神経を使うのが電話番だった。ヤクザ事務所は二十四時間体制で、組が面倒をみている飲食店からＳＯＳが入れば、待機している組員が走る一方、部屋住みに緊急連絡が入り、全員を叩き起こして現場に駆けつける。電話番を担当する者は枕元に受話器を置いて眠るため、睡眠は浅くなる。

休みは月に二回程度で、外泊が月に一回。それも当初はなく、部屋住みになって何カ月かし

てやっと許される。事務所当番は当時、十日に一回程度で、このときを除いて基本的に外出はできず、部屋で待機した。することがないため、タバコの本数ばかりが増えることになる。

つらいのはプライベートタイムがないことだった。事務所では先輩たちがいて気が抜けない。タバコを買ってこい、週刊誌を買ってこい、競馬新聞を買ってこいとパシリをやらされる。部屋に帰れば部屋住み仲間が五人も六人もいる。要領のいい部屋住みは兄貴分に取り入り、連れ歩いてもらったりするが、懐《なつ》こうとしない熊谷は飲みに行くことはもちろん、喫茶店にさえ誘いの声はかからなかった。

そもそも可愛がられようという発想が熊谷にはない。部屋住みとしてなすべきことは、部屋住みの責務を果たすことであって、上の人間に尻尾《しっぽ》を振ったり懐いたりすることではないと思っている。そう思っていながら上の人間に取り入ろうとするのは矛盾である。矛盾を受け入れて平然とできる人間ではなかった。当番が終わって部屋に帰る途中、馴染みのカフェに寄ってコーヒーを飲んだり、新聞を読んだり、マスターとたわいのない話をちょこっとしたりするのが唯一の楽しみだったと熊谷は振り返る。

プライベートの時間もなかったが、それ以上にきついのはお金だった。経験も器量も足りないからシノギができない。縄張り内の飲食店は組が面倒を見ているので、部屋住みの駆け出しが勝手にミカジメ（用心棒代）を取ることもできない。頼りは兄貴分が投げてくれる小遣いだったが、兄貴分がお金に忙しかったら、それもない。

「お金の大事さが、このとき身にしみてわかった」

と、熊谷は述懐する。

「私たちの稼業は服装《なり》で値踏みされたりするので、無理しておしゃれもするんだけど、問題はクリーニング代。これがバカにならないので、どの洋服を洗濯屋に出すかきっちり吟味する。タバコ銭もいる。銭湯代もいる。喫茶店にも行きたいし、部屋で缶ビールも飲みたい。米や醤油代といった生活費はみんなの持ち寄りだから、その金もいる。

だから千円でも五千円でも残すようにした。ヤクザといえば羽振りのよさばかり強調されますが、そこになるまでは〝苦労のトンネル〟をくぐらなきゃならない。大会社だって、エライさんは銀座で飲んでいて傍目にはうらやましく見えるけど、入社してから山あり谷ありで、出世した者だけの特権でしょう。人間社会は結局、〝椅子取りゲーム〟。このことにヤクザもカタギも変わりはない」

強い組織をめざすための気構え

会社の新人研修は、名刺の受け渡しや電話の応対、言葉づかいなど基本中の基本を指導される。ヤクザもそれは同じだ。

事務所当番として掃除の仕方から、客人に対するお辞儀の仕方、お茶の出し方など客人への接し方を仕込まれる。

受付嬢の態度で会社が評価されるように、若い衆のしつけは組の評判にかかわってくる。ことに電話は相手の顔が見えないだけに応対には神経を尖らせる。現代であれば携帯電話で相手に直接かけてくるが、当時は組の固定電話にかけてくる。

「クマ、相手の声を覚えろ」

と、先輩から口うるさく言われた。

――おう、俺だけどよ、〇〇いるかい？

こんな調子で電話がかかってくる。

「失礼ですが、どなたですか？」

――バカ野郎、俺だよ、俺。わかんねぇのか！

怒らせることになる。

先輩クラスならまだしも、他組織の総長あたりからかかってくるときは困った。

――西山いるかい？

西山組長宛にかかってくる。呼び捨てにするくらいだから、同等クラスで親しい関係である

ことはわかるが、一方で、

（うちの組長と二人のときは〝西山〟でもいいけど、事務所にかける電話はオフィシャルなんだから〝組長いるか〟と言うべきじゃないか？）

そんなことを考えながら、

「どちらさんですか？」

ときく。

――誰だ、おまえ！

「熊谷と申します。失礼ですけど、どちら様……」

――おまえ、俺の名前なんかいちいちきかなくていいんだ。

「いえ、おききしなくちゃ、組長に取り次げませんので」

――おまえじゃ話にならねぇから、電話、代われよ！

事務所に居合わせた先輩たちが熊谷のやりとりを聞いていて、ヤバイと察知、電話をひったくるようにして、

「もしもし失礼致しました。あっ、○○組長さんですね」

受話器を握ってペコペコしながら、

「……すみません、はい、ちゃんと教育しておきますから。いま親分に電話をまわしますの

で」

電話を切り替え、相手の名前を組長に伝えて受話器を置くと、

「このバカ野郎！　おまえのお陰で怒られちまったじゃねぇか！」

「ちょっと待ってくださいよ。組長に取り次ぐのに〝誰かわかりませんが、お電話です〟とは言えないじゃないですか。きくのは当たり前だと思います。それに、もし相手が誰かわかっていたとしても、自分はあえて相手の名前をききますよ。組長の名前を呼び捨てにされて黙っているわけにはいかないでしょう」

「おまえは物事をわかってねぇんだから黙ってろ！」

怒鳴られてしまう。

こういうことが何度かあった。

――おまえ、面白いヤツだな。

と、当の熊谷には笑い声で言った組長もいたが、あとで先輩がこの組長からこっぴどく叱られ、

「クマ、おまえは電話に出るな」

と厳命されることになる。

熊谷のこの電話対応をどう考えるか。

とばっちりを受けた先輩は怒ったが、熊谷は「正論」をあえて主張することで、組と組長に値打ちをつけたのだ。二十歳前後の若者にそこまで明確な計算があったかどうかはともかく、安く見られてはいけないという思いが言わせた問いかけであったことは確かだった。先輩にリーダーとしての素質があったなら、熊谷を怒るのではなく、ほめ言葉の一つでも口にして取り込んだことだろう。

タイミングを見てヤクザを辞めたいという思いを引きずりながらも、いま在る自分の立場で最善を尽くそうとする。こういう人間をいかに見抜いて組織に活かすかは、リーダーやトップたる者の欠くべからざる能力ということになるだろう。

このことは熊谷の生涯を通じ、反面教師として活かされている。

「そのころは組員としての自覚のない自分でしたが、親分を呼び捨てにされながら、組員が簡単にハイハイと言うような組織でいいのかという思いはあった。そしてそれはその後、いろんな経験をとおして確信に変わっていきました。組長に対して、会社の社長に対して、上司に対して、下の者が彼らを盛り上げようとする気構えのない組織は弱い。このことは断言できます。

権利意識の向上で、人間関係が横並びになった現代、ピラミッド型の組織は古いと言われますが、それは違うと思う。いい例が軍隊じゃないですか。軍隊はピラミッド型になっているからこそ、組織形態として最強と言われる。将校と兵隊の立場が横並びになれば、それはもはや軍隊としての体をなさなくなる。ヤクザの組も会社も同じでしょう。軍隊は階級で、ヤクザ社会は親分の器量で、そして会社はトップの人格と人望でピラミッドを構築する」

そして熊谷は当時を振り返って、もし先輩たちが「ちゃんと教育しておきます」と謝ったあとに、

「で、組長。申しわけありませんが、ウチの親分《おやじ》の呼び方について、少し考えていただけるとありがたいんですが」

と一言挿していたなら、先輩に対する思いも変わっていただろうと言う。

電話に出るなと命じられたのでは、何のために当番で詰めているのかわからない。熊谷の言葉を借りれば、「営業マンが、〝おまえ、訪問先でトラブルを起こすから外回りするな〟って言われたようなもの」ということになる。事務所の掃除をして、あとはタバコを買いに行くだけだ。パシリ仕事なら子供でもできる。電話の応対こそ、対人関係の呼吸を学ぶということにおいて、ヤクザ修行の基本なのだ。

熊谷は複雑な心境だった。

組員としてやっていこうと決心したわけではないので、電話当番からの解放は結構なこととしても、プライドは傷ついた。

「公《こう》」は「私《し》」より優先する

明けて新年――。

雀荘を借り切り、事務所主催の麻雀大会が開かれた。会社経営者や商店主、飲食店のオーナー、店長など、おつき合いのある客も多い。会費制で、飲食は無料。若い衆がつきっきりで世話をする。恒例ということだったが、駆け出しの熊谷は初めての経験だった。

「クマ、特上のカルビ弁当を十人前だ」

先輩に命じられ、馴染みの焼肉店に電話する。できあがる時間を聞いて受け取りに走った。

「悪いけど、もうちょっと待ってくれるかい。いまバタバタとお客が入っちゃって」

申しわけなさそうに言った店主に続いて、

「なんだ、熊谷じゃないか」

奥の席から声が飛んできた。中学時代の先輩二人が飲んでいた。

「どうも」

熊谷がペコンと頭を下げた。ヤンチャをやっていた先輩たちで、一人は塗装会社に勤め、もう一人は家業の町工場で専務をやっていると聞いていた。

「おい、こっち来て一杯やれよ」

町工場が言った。

「いま仕事中なんで申しわけないです」

「なにが仕事だ。おまえ、ひとりでいるじゃないか。こっちへ来いよ」

塗装業はおとなしかったが、町工場は酔っているようで執拗だった。店に迷惑をかけるわけにはいかないので、

「ご無沙汰しています」

席に行って、改めて挨拶した。

「おまえ、西山組にいるんだってな」

「ええ」

「態度、変わったじゃないか」

「そんなことないですよ」

「だっておまえ、こっちへ来いって言ったら来なかったじゃないか」

町工場がネチっこく絡んでくる。

「ですから、いま仕事中なもんで責任があります」

「何の責任だ」

「焼肉弁当を受け取って帰るんです」

「弁当？　ただの使いっ走りじゃねぇか」

ゲラゲラ笑った。

「いいじゃないか。後輩がせっかくその世界に入ったんだから。なあ熊谷、伸びてくれよ」

と塗装業は言ってくれたが、

「おまえ、態度が変わって気にくわねぇよ」

町工場の目が据わっている。

「弁当ができたら事務所へ帰らなければならないんで。失礼します」

「何が事務所だ！　俺たちを威嚇するのか」

「そうじゃなくて、客人たちが待っているんで、自分は事務所へ弁当を持って帰る責務があるんです。どうぞ、お二人で楽しく飲んでください」

「おまえの顔見たら楽しくなくなったぜ」

あっちへ行け、という仕草を見せて言った。熊谷は気持ちを抑えた。弁当を一刻も早く持ち帰ることが「公《こう》」であり、怒るのは「私《し》」である。公は私より優先する。ケツをまくったら弁当を持ち帰るのが遅くなるし、ヘタして警察沙汰にでもなれば弁当どころの騒ぎではなくなってしまう。

熊谷は大きく息を吸ってから、

「そうですか、わかりました」

軽く頭を下げ、入口近くの席に移動した。しばらく待ってから弁当を受け取ると、「じゃ、先輩、失礼します」と挨拶して帰って行った。

二日後、熊谷は町工場の先輩を訪ねると、入口で先輩の名前を呼んだ。

従業員が出てきた。

「専務いるかい？」

「いらっしゃいますが、何か」

答えないで中へ入って行くと、

「先輩！」

「く、熊谷、何だい」

「先輩は酒好きみたいだから、いまから飲み行こうよ！」

従業員に聞こえるように大声で言った。

「おいおい仕事場でやめてくれよ」

先輩が狼狽する。

「あんたよ、焼肉屋でそれと同じことをやったんだぜ」

「何のことだ」

「気がつかないのか？　組の縄張りは、俺たちにとっちゃ仕事場なんだよ。あんたにとってはこの工場が縄張りだろう？　テリトリーだろう？　テリトリーに入られて、社員の前で勝手なこと言われて赤っ恥をかかされたと思っているんだろう？　あんた、俺に同じことをやったんだぞ」

　ひと呼吸置いて、

「あのとき俺は稼業中だ。稼業もあんたの仕事も一緒だろう？　使い走りでいいよ、最年少《バッチ》で使い走りだもの。それをあんたが笑おうがどうしようが知ったことじゃない。だけどな、人が仕事としてやっていることにいちいち口出しするなよ。大きな声出して、ああじゃない、こうじゃないって言って、あんたは笑った。笑いたければ腹いっぱい笑えばいい。だけどな、俺は弁当を温かいうちに持って帰らなきゃならない責務があって、それを果たさなきゃならないんだ。わかってんのか！」

「すまなかった」

　先輩は唇を震わせて頭を下げた。

　焼肉店では受け流しても、後日、きっちりとケジメをつけていく。ヤクザ社会は舐められてこれを放置すると〝蟻の一穴〟になる。だから一つひとつにケジメをつけていく。本人は無自覚であったが、熊谷の性格は極めてヤクザ的であったということになるだろう。

願えば不動明王が叶えてくれる

ヤクザにとって刺青は社会からの離脱宣言である。口先だけでなく、生涯消えることのない刻印を背負うことで覚悟を示す。ファッションとしてのタトゥとは精神性においてまったく異なる。

部屋住みの仲間たちは刺青を入れるため、浜松町の彫り師のもとに通っていたが、熊谷だけ背中はきれいだった。熊谷はヤクザとして生きていく決心をしたわけではない。いずれどういう職に就くにせよ、刺青はマイナスになることは当然ながらわかっていた。

連れだって銭湯に出かけると、まだ筋彫りの段階とはいえ、お互いが刺青を自慢し合ったあとで、

「クマ、入れないのか？」

「恐いんじゃないのか」

と、からかわれても刺青にはまったく興味がなく、〝柳に風〟で受け流していたが、一人だ

け執拗に絡んでくる者がいた。熊谷と同世代で、どこぞから流れて来て大井に棲みつき、稼業に入ったS谷という男で、熊谷より少し先に部屋住みになっている。

この世界、一日でも早ければ先輩で、

「おいクマ、灰皿」

と言われればしたがわなければならないが、熊谷にとっては何でもないことだった。それがヤクザ社会のルールであればしたがうのが当然で、いやなら辞めて出て行けばいいだけのことだった。つまり選択権は自分にあるわけだ。辞めたくない、しかし先輩の命令にはしたがいたくないと自分の都合で考えるから二律背反となり、ここに葛藤が生じる。物事を理屈で割り切ることのできる熊谷には葛藤は生じない。

だが、いわれなき誹謗中傷は看過できない。

「おまえ、刺青が痛くて入れられないんだろう」

S谷はことあるごとに言う。相手にしないでいると、

「母親が来るヤクザっているかい？」

と、熊谷の母親が事務所に訪ねてきたことまでおちょくった。ブン殴ろうかとも思うが、大義なき喧嘩は和を乱すことになると考えるのが熊谷だった。みんなの前で繰り返し嘲笑して見せるところに、一目置く人間に対するS谷の屈折した心理が読み取れるが、あまりのしつこさ

に熊谷はうんざりして、

「浜松町にはいつ行くの？」

と、受けて立った。

「明後日《あさって》だ」

「いっしょに行くよ」

「おお、いいぞ」

胸をそらせてから、

「こいつ、三千円だな」

と言って笑った。

当時、その彫り師は一時間一万円を取っていた。三千円とは、我慢して二十分だろうと嘲笑したのだった。


二日後、熊谷はS谷に連れられ、電車で浜松町に行った。

熊谷が正座して彫り師に挨拶すると、

「で、おまえさん、今日は何時間入れたいんだい？」

「四時間でお願いします」

「四時間？」

我慢できるのか、という顔をしたが、

「はい、それでお願いします」

熊谷が彫り師に真っ直ぐ視線を据えて言った。

当時の刺青は手彫りだ。いまは電気彫り（機械彫り）で、しかも墨の中に麻酔薬を入れることもできる。歯を抜くときの麻酔注射は針を刺すときにチクリと痛むが、すぐに感覚がなくなる。あれと同じだと思えばいいだろう。

「よし、じゃパンツ一丁になって背中向けろ」

と命令口調で言った。

熊谷があぐらをかいて背を向ける。

「何を入れたい？」

「すみません、何も考えないで来ました。先生、自分には何が合いますかね」

「そうだな、不動明王がおまえには合うんじゃないか」

「あのう、不動明王って、ちょっとわからないんですけど」

「不動明王は〝願〟の明王《みょうおう》だ。明王というのは如来の化身という意味で、不動明王は大日如来の化身だな。おまえが、こうしたいとか、ああしたいとか願えば、不動明王が叶えてくれる」

「わかりました。それでお願いします」

「うむ」

と返事したきり、彫り師は何もしなかった。

気になって熊谷が振り向くと、

「動くな！」

一喝された。

彫り師は絵柄の構成を考えていたのだろう、腕を組んで熊谷の背中を見つめていたのだった。やおら下絵を描き終えると、「うつ伏せに寝ろ」と命じ、突き始めた。鋭利なガラスで抉られるような痛みだった。

四時間をかけて筋彫りが終わった。正座して礼を述べて四万円を渡すと、

「おまえ、頑張れよ。ちゃんと頑張ればいい親分になる」

と言った。

「四時間、我慢したからですか？」

「いや、そうじゃない。痛い、痛くないは人によって違う。突かれながら眠る人間もいる。おまえは敏感なタイプなので、よく四時間もったとは思うが、俺はそのことを言っているんじゃない。ここにおまえが入ってきた瞬間に〝こいつ、ただ者じゃねえな〟と思ったんだ」

お世辞だろうと思った。リアリストの熊谷は、そんな言葉を真に受けるほど浮ついた人間ではない。

「自分なんか〝ただ者〟ですよ」

熊谷が笑うと、

「バカ野郎。俺は何百人ものヤクザ者を見てきているんだ」

と彫り師は言った。

「ありがとうございます」

真に受けたわけではないが、頭を下げ、この日の作業は終わった。

次はS谷の番だった。

「こいつ、根性ねぇんだ。また泳ぐぞ」

と彫り師が鼻で笑った。

突き始めて十分もしないうちに、

「あっ、先生、ちょっと待ってください！」

痛みに耐えかねて身体をくねらせた。

「こいつ、毎回そうなんだ。おまえ、もう一回泳いだら金はいらねぇから帰れ」

彫り師は舌打ちをした。

大井町への帰り道、S谷は言った。

「今日は体調が悪くてまいったぜ」

縁に身を投げ出した人生

背中に刺青を彫り始めても、熊谷はヤクザになる腹を固めたわけではない。S谷があまりにしつこいでので、意地になっただけで、刺青を背負うという人生の一大事に無頓着であるところに、世間の尺度で推し量れない熊谷の不可解さと不気味さがあった。彫り師が見込んだのは、そんな性分を見抜いてのことではなかったろうか。

「ちゃんと頑張ればいい親分になる」

と言った言葉の「ちゃんと頑張れば」とは、どういう意味なのだろうか。熊谷は深く考えることもなく、これを機にタバコをやめようと、そんなことを漠然と思っていた。一日六、七十本を吸っているが、懸念はタバコそのものでなく、ストレスから吸いすぎるのではないかということだった。自分の精神状態を常に推し量るのは、自分を客観視しようとするあらわれでもあったのだろう。ストレスは、宙ぶらりんの自分の立場にあることはわかっていた。

二十歳になってまもなく、稲川会の本葬儀が鎌倉方面の寺で行われることになり、熊谷も一兵卒として動員された。稲川角二会長（当時）が顔を見せることは聞かされてはいたが、別世界の人で、熊谷に現実感はなく、何百人もの組員がズラリと整列する一員として、黒いスーツを着て直立不動で参道に立っていた。

「いいか、会長のクルマがここまで来たら、まずそこから十列がそろって頭を下げろ」

粗相があっては責任問題になる。稲川会本部の担当者の険しい顔を見て、熊谷もにわかに緊張感を覚えた。

開式寸前になって、白いベンツがゆっくりと走ってくる。

「ご苦労さんです！」

という号令をかける人間が等間隔で配置されており、その号令に合わせて、整列した組員がドミノ倒しのように頭を深々と九十度に下げていく。熊谷に見えるのは参道の石畳で、ベンツはもちろん、車中の会長をうかがうことはできなかった。

そして、葬儀が終わった帰途も、同じようにして会長を見送るのだが、このとき後部座席に座った会長がベンツの窓を下ろすと、組員たちに手を上げ、

「ご苦労さん」

と言った。

ちょうど熊谷の前を通り過ぎるところだった。会長の顔が見えた。耳にその声が聞こえた。

クルマが見えなくなってから、

「会長の顔、見たか？」

「ハッキリ見えた。声も聞こえた」

「手をあげたよな」

「ああ、俺たちに手をあげてくれた」

「貫禄だな」

熊谷といっしょに並んでいた先輩たちが感激の面持ちで言葉を飛び交わしているが、熊谷にそこまでの感激はない。会長の存在が大きすぎるのだ。登山の経験のない者がエベレストを仰ぎ見て、感嘆はしても登ってみたいと胸をときめかすまでにはいかない。たとえていえば、そういうことになるだろうか。

だが、熊谷の意志とは無関係に、縁に身を投げ出した人生は、確実にヤクザ社会に引き寄せられていく。

第五章

魂を持つ

ヤクザのスキル

ヤクザ組織の団体数は、東京オリンピック開催前年の一九六三年をピークとして漸減が続いていた。警察白書（昭和59年版）によると、ピークから二十年後、熊谷が二十二歳になった一九八三年には二、三三〇団体、構成員九万八、七七一人と半数以下になっているが、山口組、住吉連合会（当時）、稲川会の三組織の傘下にある団体は八一九団体、構成員二万四、四一六人。団体数で全ヤクザ団体の35・2パーセント、構成員で24・7パーセントを占め、三団体による寡占化《かせんか》が進展していた。

この時代、日本はバブル経済に向けて加速し、大資本が中小・零細企業を飲みこんでますます巨大化していく。社会の表裏は相似形をなし、あたかも二人三脚のように疾駆していた。組織の巨大化は必然的に傘下の競争を惹起し、「味方が敵」という矛盾を孕《はら》んで組織運営はより複雑化していく。

好景気を反映して、ネオン街のトラブルは毎夜のように起こった。

――リーン！

深夜、コール一度で部屋住みの電話番が飛び起きた。

「××です」

――クラブ『A』で酔っ払いが暴れている。××の兄貴がいま向かった。

事務所当番が手短に告げる。

「わかりました」

電話を切るや、

「おい、もめ事だ！」

みんなを叩き起こし、熊谷も現場に走った。

店の前で兄貴分と合流すると、兄貴分がドアを蹴破るような勢いで中に乗り込ん行く。ボーイが「奥です」と小声で告げて、奥のボックスに目をやる。痩せた中年男が目を三角にして店長の胸ぐらをつかみ、怒声を浴びせている。七分のシャツから刺青がのぞいていた。カタギなら問答無用で店の外に引っ張り出して袋叩きにするが、どうやら稼業の人間のようだ。

「おう、うちの縄張《しま》でどういうことなんだ」

まず、一発カマす。

「知らなかったんだ、そいつは申しわけない」

と素直に謝れば深追いはしない。器物を損壊したりして店に多大な損害を与えていれば翌日、改めて話をすればよい。

ところが、刺青男はしたたかに酔っていた。

「冗談じゃねぇ。この店長の野郎がナメた口をきいたんだ。俺はな」

組の名前を出すより早く、

「うるせい！」

兄貴分が髪の毛をつかんで膝蹴りを顔面に入れるや、熊谷たちが男を店の外に引きずり出した。店の中は騒然とし、客やホステスたちが恐怖に顔をひきつらせている。店の前の路上でシメた。組の名前を聞いてからだと、〝看板〟を承知でシメたということになり、事後処理が面倒になる。だから名乗る前に相手を畳んでしまう。あとでもめたとしても、

「そうならそうと先に言ってくれりゃいいんだ」

と言えば、個人のトラブルに限定できる。それでも〝看板〟を楯に強行にクレームをつけてくれば、

「××組が何だってうちの縄張《しま》で暴れるんだ」

逆ネジをくらわすこともできる。

熊谷たちはこうした〝ヤクザの喧嘩法〟を、実体験を通して身につけていく。企業で言えば、実務を通した職業教育であるＯＪＴ（オン・ザ・ジョブ・トレーニング）ということになる。一件落着させたあとで、兄貴分がコツを解説する。

「いいか、何より勢いが大事だ。店に乗り込むときはダダダダと殴り込みの要領で入って行って、相手をビビらせる。チンタラ歩いて行くんじゃねぇぞ」

「シメるときは徹底してシメろ。ハンパなことすると、警察に駆け込まれるぞ。〝道具〟を使わなきゃ、人間はそうそう死ぬもんじゃねえ」

ヤクザのスキルは、こうして磨かれていくのだ。

俺たちのやり方はこれでいいのか

こんなことを繰り返すうち、熊谷に疑問が浮かんでくる。兄貴分たちのやり方でいいのかという懐疑である。

カタギだが少しばかり癖のある客をどやしつけ、店の外に引っ張り出してシメたときのことだ。客が警察に駆け込んだため、事件になった。西山組に助けを求めたのは店のマスターなの

で、根掘り葉掘り事情を聞かれたうえ、ヤクザを用心棒にしているということから余罪の追及もされてしまった。このとき熊谷は、

（俺たちのやり方はこれでいいのか？）

という疑問を持った。

自分たちは警察に引っ張られようが何しようがかまわない。もとより覚悟の上だし、「あそこの組はヤバイ」という評判はプラスになる。しかし、店にとってはどうだろうか。ヤクザがケツを見ているだろうということは客も薄々はわかってはいても、目の前で「てめぇ、表に出ろ！」を実際見てしまうと引いてしまう。マスターがヤクザとつき合っているとなると、あまり気持ちのいいものではない。客によっては足が遠のくかもしれない。こういう面倒の見方は店にとって得なのか？

店にとって損か得かの視点から、自分たちの乗り込み方を再検討したのである。

当時、そんなヤクザは全国を探してもいないだろう。彼らの念頭にあるのは、トラブルをいかに処理するかということだけだった。店のＳＯＳで駆けつけて酔っ払いを恫喝し、聞き分けのない客は外へ引っ張り出して袋叩きにする。稼業の人間なら縄張りを楯に追い出し、ゴネたらシメる。みかじめ料の対価としては、それでじゅうぶんだと思っている。

ところが熊谷は「それで店は本当に喜んでいるのか？」と首をひねる。店に喜んでもらい、

店にプラスになってこそ、いいつき合いができるのではないかと考えるのだが、そんなことを兄貴分に進言すれば、キョトンとするか、鼻で笑うか、どやしつけられるだけだろう。ヤクザとして生きていく決心をしたわけではないが、その仕事に従事している以上、本気になって考えるのだった。

そんなある夜、熊谷が寮の電話番をしているときだった。

——俺だ。スナック『S』でマスターにゴロまいたのがいるんだってよ。おまえら、ちょっと来いよ。

事務所にいる兄貴分から〝出動命令〟の電話がかかってきた。

「自分たちにやらせてもらえませんか？」

熊谷が咄嗟に言った。

——かまわねぇが。

「じゃ、そうさせてください。電話番号を教えていただけますか？」

事務所には組で面倒を見ている店や関係者の電話番号一覧があり、経営者の直通番号なども書いてある。兄貴分から教えてもらってから熊谷は電話を切ると、

「『S』でもめてるんだってよ。行くぜ」

部屋住みたちに言った。熊谷は黙っていたが、自分のやり方を試してみようと思っていたの

だ。

店のそばまで行って、「ちょっと待ってくれ」と言って、熊谷が公衆電話からスナック『S』のマスターに連絡を入れた。

「あっ、マスター？　西山の熊谷です。連中、まだいますか？」

――いますよ。

小声が返ってきた。カラオケで演歌を歌う野太い声が聞こえてくる。

「いま店のそばにいるんで、ゴミを出すふりしてちょっと外へ出てきてくれませんか」

と言った。

まず、状況の把握である。マスターによると、男二人に女二人。スジ者らしいと言う。カラオケの順番がなかなか回ってこないとインネンをつけ、マスターを怒鳴りつけ、グラスを床に叩きつけたのだそうだ。マスターは平身低頭しながら、このままでは何が起きるかわからないと恐れ、面倒を見てもらっている西山組に急報したということだった。

「わかりました。五分後に私が客のふりして入っていきますので、そのつもりで応対して下さい」

部屋住みの仲間たちには表で待っているように告げ、熊谷が一人で入って行くとカウンターに腰掛けた。ビールを飲みながら、連中をチラチラと見やる。

「てめぇ、なに見てやがる！」

ボックスから怒鳴った。

「なにも見てないですよ」

「なんだと、この野郎」

「やめてくださいよ」

恐れたふりして腰を引くと彼らは調子に乗って、

「謝るんなら土下座しろ！」

「ほかのお客さんの迷惑になりますから、騒がしいことを言うんでしたら表で話し合いましょう」

「上等じゃねぇか。兄弟、この小僧、表に出ろだってよ」

せせら笑って、熊谷のあとに続いた。

表に出るや、

「この野郎、大井町に来て調子乗ってんじゃねえ！」

待機していた仲間と襲いかかり、シメたのである。「兄弟」という言い方をしたとき、彼らがカタギじゃないことを熊谷は確信し、セオリーどおり、連中が代紋を名乗る前に手を出したのだった。

ちなみにあとで二人は同じ稲川会の人間だったとわかり、話し合いに出て行った兄貴分が「それならそうと、初めから言ってくれればいいじゃねぇか」と、これもセオリーどおりの言葉を返したのだった。

「つまり、私のやり方というのは」

と熊谷が言う。

「客同士のケンカですから、もし相手が大ケガをして警察沙汰になっても店は関係ない。店には迷惑がかからないし、他のお客さんもマスターがヤクザを呼んだとは思わない。むしろ出て行ってくれてよかったと思うお客さんだっているでしょう。それでいて、きっちりケジメはつける。すべてが円満に収まるわけです」

熊谷は自分が出張《でば》るときは、店の立場を第一に考えながらトラブルを解決していった。そのうち西山組の熊谷に頼めば、ちゃんと片づけてくれるだけでなく、店の評判も傷つかないから安心だとの評判が広まっていく。この評判がのち、〝熊谷グループ〟がのし上がって行くための礎《いしずえ》になるのだった。

債権取立がそうであるように、ヤクザは表社会で処理しにくい案件を依頼を受けて解決する。極論すれば、頼まれることがシノギなのだ。だから駆け出しは「あの人なら安心」という評判をいかに構築するか、この一点が勝負ということになる。だが、そこまで考える者は少ない。ビジネス社会において、どんなに能力《スキル》に秀でていようとも、信頼感に劣る新人は結局、落後していくが、ヤクザ社会もそれと同じなのである。

熊谷は当初、勢いよく店に乗り込んでいく兄貴分たちを見て、カッコいいと思った。しかし、次第にその考えは変わっていく。

(兄貴たちはそうすることでテンションを上げているんじゃないか?)

そう思った。

ドアの向こうは見えない。見えない世界に飛び込んでいくのは本能的な恐怖がある。相手は拳銃を持っているかもしれないし、とてつもない怪力の持ち主かもしれない。死ぬことも、殺すことも厭《いと》わない異常人格者かもしれない。臆病というのとは次元が違う。たとえて言えば、目隠しをして幹線道路を横断するような恐怖ということになろうか。躊躇したら足がすくんで横断できなくなる。テンションを上げるために勢いよく踏み出していく。あれと同じではないか、と熊谷は思うのだった。

これは熊谷の性格なのか、あるいは見本とすべき人間がいなかったからなのか、先輩の一挙手一投足を「反面教師」として見てしまう。「あんな先輩」と悪口を言ったり、切り捨てたり

するのではなく、

（ああいうやり方はよくないな）

と、自分を活かすための「師」として取り込んでいくのだった。

三十歳までに結果が出なければ身を引こう

熊谷の意識とは関係なく、周囲は熊谷を稼業の人間だと思っている。「西山組の熊谷」は飲食店関係者のあいだで評判だったが、熊谷はヤクザとしてやっていくことにまだ迷いがあった。身体が懸かるとか、社会的存在としての位置づけといったことに迷っているのではなく、肩で風切って歩くことを快感とする価値観に馴染めなかったのかもしれない。

もうすぐ二十三歳になる。そろそろ潮時ではないかと考えるようになった矢先のことだった。

部屋住みの同期と後輩の二人が、

「相談があるんだけど」

と耳打ちしてきた。寮では話ができないというので、近所の喫茶店に出かけたところが、

「俺たち、カタギになろうと思うんだ」

いきなり切り出した。

「どうして？」

「俺、向いてないと思ってさ。実家に帰って親の家業を継ごうかと思っている」

「おまえは？」

「自分は手に職をつけようと思っているんです。大工か左官はどうかなって」

「何が不満なんだ」

「シノギも稼ぎもないのに、毎月、部屋住みの経費を払うのは厳しいよ」

と言って同期が続ける。

「あっちから一万、こっちから一万で自転車操業だろう。この先、ひとり立ちしてシノギできるようになるのか考えたら、ちょっと厳しいなってね」

「わかった。おまえらが決めたことだから、俺が何だかんだ言うことじゃない。兄貴にはちゃんと話したほうがいいぞ」

「わかっている」

先を越された——熊谷はそう思った。辞めるなら急がなくては、と内心あせっていたが、「じゃ、自分も」と言うのは二人に便乗するようで気が引ける。それでタイミングをうかがっていたところが、刺青のことで熊谷を嘲笑したS谷が姿をくらまし、さらにもう一人の同期から「話がある」と言われたとき、こいつも辞めるんだなと直感した。

「辞めてどうするんだ？」

「九州のほうにでも旅をかけて、向こうで仕事を探そうかと思っているんだ。向こうに知り合いがいるから」

熊谷としては止めたいが、止める理由はなく、

「そうかい」

と言うしかなかった。

熊谷と気が合わず、何かというと衝突していた先輩格の部屋長までが、

「クマ、俺、カタギになるよ」

と言い出した。結婚を考えていた彼女がいたのだが、親の手前、結婚するならカタギになってくれと泣きつかれたのだと言う。

「いい話じゃないか。カタギになって頑張れよ」

と言って送り出した。

熊谷のほか数名を置いて、五人がごっそり抜けてしまったのである。予想外のことで、逃げ遅れたような気分だった。

一人が辞めたら雪崩を打つように辞めてく。誰もが言い出しっぺになることを躊躇している

だけで、誰かが先陣を切れは、ここぞとばかりそれに続く。だが、続くタイミングを逸すると一転、辞めにくくなるものだが、熊谷が寮に残ったのはそういう理由からではない。残った数人の顔ぶれを見て、

(自分が辞めたら彼らだけでやっていけるのだろうか)

と思ったのだった。

西山組の寮は大井町に何ヶ所もあったが、熊谷は自分たちの寮が主力部隊だと思っている。度胸がよく、ケンカに絶対の自信を持った一騎当千の強者ぞろいだ。場所も繁華街の中にあるため、店のＳＯＳを受けて毎夜のように走った。

その若手主力部隊から五人が抜けたとなると、西山組は何かと不自由になる。残った一人として熊谷は責任を感じた。

(じゃ、三十歳まで一所懸命にやってみて、そのときヤクザとして結果が出ていなければきっちり身を引こう)

と自分に言い聞かせたのだった。

これまでも一所懸命にやってきたし、全力投球もしてきた。しかしこの努力は刹那を渾身の力で生きてきただけであって、ビジョンも方針も、方向性も何もなかった。五人が組を辞めて初めて、熊谷は意志の定まらぬ自分に気づき、明確な目標を持ったのである。「いつ辞めよう

か」と思って過ごしてきた人生から、「三十歳までに結果を出そう」という方針に気持ちが切り替わった。結論の先送りでなく、決断のデッドラインを設けることで迷いを封じ、全力疾走の区間を決めたのだった。

威勢のいい者から辞めていくのは世の習いなのだろうか。

「三十歳までに組を持つ」

「直参になる」

「俺は下っ端では絶対に終わんねぇよ」

夢を希望を毎夜のように語っていた部屋住みたちが次々に逃げ出して行った。どんな理由があろうとも、言行の一致せざる男は結局、何をやっても最後は落ちこぼれていくのだろう。有言実行であれ無言実行であれ、男は「実行力」で評価される。役付になるまでは名刺はつくらないと決意した。部屋住みから四年を経て熊谷は組員として一本立ちする。

ブランドの力

竹中正久が四代目山口組を継承した一九八四年、極東関口会（現・極東会）の松山眞一会長の奔走で、テキヤ系組織六十九団体が大同団結して「関東神農同志会」が発足。博徒系の親睦連絡組織である「関東二十日会」と定期的に会合を持つようになる。当時、ヤクザ社会は表社会の好景気の波に乗って、金融や不動産、土建、解体、会社整理など「表のビジネス」で活況を呈しおり、新たな秩序を模索していた。

やがて熊谷の周辺に四、五人の不良たちが集まってきて舎弟となり、〝熊谷グループ〟が形成されていく。

小なりといえども、トップの責務はグループを束ねることだ。ひらたく言えば、配下の人間にひもじい思いをさせないことである。トップは将来を睨んで現在を考えるため、いまが苦しくても辛抱できるが、下の者はそうではない。彼らは現在の延長線上に将来を見る。いまが苦しければ離脱していく。牽引していく者とされる者の違いだが、トップの目には下の者の身勝手と映る。

「じゃ、勝手にしろ！」

と感情にまかせて下の者を放り出したのでは組織は成り立たない。メシを食わせるということは、「この人についていけば大丈夫」という信頼感でもある。だが〝飴《あめ》〟だけでは組織は維持できない。

「逆らったらヤバイ」

という恐怖感がなければトップは舐められてしまう。だから有能なトップは、「ヤバイけど安心」という二律背反の接し方によって組織を維持していく。社会の表裏を問わず、この処し方は組織を束ねるトップの王道である。

「よし、今日は新宿に乗り込むぞ！」

「明日は池袋だ！」

熊谷は手っ取り早く債権取立をシノギとし、舎弟たちを率いて掛け合いに乗り込んで行く。飲食店のオーナーやマスター、ママたちの信頼が、いまこうして取り立ての依頼というシノギにつながっていくのだった。

ある日の昼下がり、懇意にしているスナックのマスターと駅前の路上で行き会った。

「ちょうどよかった。お茶飲む時間ないですか？」

とマスターに言われ、そばの喫茶店に入った。

「実は私の知り合いに設備関係の工事屋がいるんですが、工事代金の二千八百万円を踏み倒されて困っているんですよ。請求したらS会の人間が出てきて脅されたそうです。なんとかならないものですかね」

「わかりました。その方に会って話を聞きましょう」

マスターが喫茶店から電話で先方に連絡を取り、明日の午後一時、ここで会うことになった。

熊谷に対する飲食店関係者の信頼は、店の立場を第一に考えてくれるということだけでなく、借金を申し込んだり、無尽講に勧誘したり、無理を言わないこともあった。無理を言えば一時的に金にはなるだろうが、煙たがられてしまえば仕事の依頼は減っていく。ニワトリを絞めるようなもので、二度とタマゴを産ませることはできない。お互いが持ちつ持たれつの「ＷＩＮ－ＷＩＮ」の関係を保つことの大切さを、熊谷は先輩組員たちの横暴ぶりを見てさとったのだった。

翌日午後一時、マスターと小太りのＮ社長が喫茶店に現れた。

「こちらが、西山さんところの熊谷さんです」

マスターが紹介すると、

（えッ？）

という顔でマスターを見やった。

（この若造で大丈夫なのか？）

とＮ社長の目が問いかけていた。相手方にはやはり大組織のＳ会が背後についている。「稲川会碑文谷一家西山組」というブランドに安心したものの、いざ会ってみて頼りなさを感じたのだろう。

「若いけど、熊谷さんにお願いすれば大丈夫ですよ」

とマスターがあわてて言い添えるのを、熊谷がさえぎるようにして、
「私に依頼するかどうかは社長の自由です。頼りないと思うなら遠慮なく断って下さって結構です。断られた私に器量が足りなかっただけのことですから」
N社長を見据えて熊谷が言った。

マイナスから信用と信頼を築くには

N社長はこの言葉に感じるものがあったのだろう。「お願いします」と頭を下げてから、いきさつについて説明を始めた。

新規開店する居酒屋の設備工事を請け負ったが、工事に不具合が見つかったためオープンが遅れたとしてネジ込まれ、S会の人間が出てきて「欠陥工事につき、工事代金の二千八百万円はいっさい請求しない」という念書に無理やり署名させられたということだった。

難しい案件である。欠陥工事のうえ、念書まで書かされている。S会だけでなく、弁護士もついているということだった。表と裏とで固められれば、これをひっくり返すのは容易ではないが、だからこそ自分に頼んできたのだ。ヤクザは実績勝負。どんな案件であれ、依頼者が納得するよう一つひとつをキッチリ解決していかなければならない。一度でもヘタを打てば、身

体を懸けて営々と積み上げてきた実績は水泡に帰すのだ。

熊谷は居酒屋オーナーに会った。弁護士とS会の人間が同席した。オーナーは欠陥工事と念書を楯に支払いを突っぱねた。弁護士は法的に念書は有効だと主張し、裁判で決着をつけてもいいと強気で出る。S会の人間も「あいつは納得づくで署名したんだ」と譲らず、「ちゃんと工事してりゃ、こんなことにはならなかったんだ」と攻めてくる。

向こうの言い分をしっかり聞いてから、熊谷はまず、本当に欠陥があるのか、あるとすればどの程度の欠陥なのかを確認するため、建築関係の専門家を伴って店に出向いた。欠陥は事実だった。見た目ではわからないが、床が真っ平らではなく、パチンコ玉を置いたら、コロコロと転がっていった。その上で追加工事をした場合の数字を弾いてもらい、後日、オーナーたちと会ってその数字でやりあった。追加工事をサービスでやるか、このままの状態で店を使用し、約束の工事代金を支払うか。

話は折り合わなかった。

膠着状態のまま、何度か交渉を重ねてから、熊谷はオーナーとS会の組員に会って言った。

「念書の署名は確かにN社長が書いたものだけど、無理やり書かされたということでN社長は事件にすると言っている。刑事と民事だ。どう転ぶかわからないが、S会に捜査が入るかもしれない」

S会の人間は強気だったが、このご時世だ。警察が好機とばかり本部にまでガサ入れをかけたらヤバイことになる。この熊谷という男はトントコンやってくるに違いない。それに自分が損するわけではない、と考えたのだろう。

「追加工事で床を手直しをしてもらうということで、二千八百万は払うってことにしたらどうだ」

と折れてきた。オーナーが不満そうな顔を見せた。まるまる工事代金を支払うのであれば、S会に依頼した意味がなくなってしまうではないか。

熊谷が察して凄んだ。

「ウチはS会の顔を立てて事件にしないと言っているんだ。わかってるのか」

オーナーは不承不承ながら納得した。

その上で、熊谷は今度はN社長に会って、こう説得した。

「欠陥があったんだから二千八百万をまるまる取ることは道義的にもできないでしょう。念書も書いている。しかし、私としても手ぶらというわけにはいかない。千八百万円で話をつけました。そのかわり誠意をもって床の手直しをするということでどうですか」

一銭も取れなかった工事代金である。千八百万円を回収できれば御の字だろう。こうして熊谷は話をまとめ、S会の人間にその旨伝えた。オーナーは二千八百万円をS会の人間に託し、

S会の人間は千八百万円を熊谷に手渡した。差額の一千万円のゆくえについて熊谷は関知しないし問いもしないが、S会の人間が手にしたであろうことは当然ながら承知していた。縄張《しま》を侵す者や、メンツを潰しにかかってくることに対しては身体を懸けて勝負するが、債権取立などビジネスは、関係者のすべてが「得をした」と思える結論に落とし込む。すなわち、「WIN－WIN」で一件落着させることが間に入った者の器量であり、能力なのである。

熊谷は、マスターとN社長の前に千八百万円を置いて、こう言った。

「取り半（山分け）だから九百万はもらうよ」

と、帯封をした束を九つ引き寄せてから、束二つだけを手に取ると、残りの七束——七百万をN社長のほうに押し出して、

「これはそちらで納めてください」

と言った。

N社長は目を剥いて声が出ない。〝取り半〟の九百万円が正当な報酬であるにもかかわらず、この熊谷という若いヤクザは二百万しか受け取らない。いや、約束どおり〝取り半〟にし、受け取った形にしてから七百万円を返して寄こした。しかも二百万円のうち百万円を謝礼としてマスターに渡し、マスターが固辞すると、その金を無理やり押しつけて席を立って帰って行ったのである。

「若いのにたいした器量だな」

と、N社長は舌を巻いたのだった。

熊谷にしてみればフトコロが潤沢だったわけではない。その反対で、舎弟をかかえ、〝火の車〟だった。五万でも十万でも喉から手が出るほど欲しい。だが、腹が減ったからといってエサを漁るのは野良犬のやることだ。プライドこそ、ヤクザがヤクザであるための存在証明だというのが熊谷の一貫した思想であった。ヤクザは、ヤクザであるという理由だけで、社会的にハンデを背負っている。マイナスから信用と信頼を築いていくには、いくらひもじくても高楊枝でなければならないのだ。

すべての社会は「WIN－WIN」の関係

当時、債権取立の方法は、債権譲渡を楯にして攻めるやり方が主流だった。ヤクザが取り立ての依頼を受けると、返済の権利を第三者（ヤクザ）に売ったという手続きを取ってもらい、その旨、内容証明を債務者に送ってもらう。その上で、債務者のところへ乗り込んで、

「依頼されて取り立てに来たわけじゃない。金を出して債権を買ったんだ。貸した金、返してもらいましょうか」

債権者という〝当事者の立場〟で返済を迫るのだ。

熊谷もこのやり方で取り立てに臨むが、稼業の人間が〝ケツ持ち〟で出てくることも少なくない。関東S市に乗り込んだときがそうだった。相手もこちらの手の内は先刻承知なので、

「債権譲渡？　見え見えじゃないか」

と押してくるが、

「見え見えかどうか知りませんが、返済してくれればそれでいいんです。ご覧のとおり、私は債権者ですから」

突っぱねておいてから一転、相手の顔を立てる。

「お宅も頼まれて出てきてるんでしょうから、五百万の全額でなくてもいいですよ。そのかわり三百万、一括で払ってもらえますか？」

「払わせるよ」

「じゃ、債務者を交えて話を詰めましょう」

で、翌日。熊谷は、債務者を前にこう言う。

「○○さんの顔を立てて三百で納得しましょう。本来はこれに金利がついて六百以上になるんですよ。それを半額で手を打つことにしました。お礼なら○○さんに言って下さい」

ケツ持ちの顔を立て、すんなり三百万円を回収する。もとより貸した側も全額取れるとは思

っていない。ヤクザとトラブルにならないで三百万円を回収できて喜んでいる。ケツ持ちも顔が立ち、熊谷にお礼の電話をかけてきたのだった。前述のように「ＷＩＮ－ＷＩＮ」にもっていく手法である。

だが、金を引っ張って（借りて）おいて踏み倒すか、のらりくらりで返済を伸ばす海千山千の人間たちを相手にするのだ。並の方法で取れないからヤクザに依頼してくる。当然ながら毎回、すんなりいくとは限らない。

舎弟を連れてある不動産会社へ乗り込んだときがそうだった。

「私、頼まれてきたんじゃなくて、債権者です」

と言い終わるより早く、

「何だ、チンピラが！」

社長が高飛車に出てきたのである。若いころ、地方で渡世を張っていたとも聞いてはいたが、いきなりケツをまくられ、若い熊谷は頭に血が上った。

「てめえ、じゃ、チンピラのマネごとしかできねぇぞ！」

啖呵に驚き、

「い、言い過ぎました、勘弁を……」

と謝ったが、熊谷はもう止まらない。殴る蹴るでシメると部屋の隅にあったロープで縛りあげ、舎弟に手伝わせて窓の外に吊したのである。ビルの三階だ。社長は顔をひきつらせて震えている。手をちょっとでも弛めれば地面に真っ逆さまである。

「お、お願いです、助けてください」

半泣き声に熊谷も冷静さを取りもどす。落としたら殺人罪だ。舎弟に言って引き上げようとするが、吊すときより引き上げるときのほうが、はるかに力がいることをこのとき知るのだった。

やっと引き上げたところでパトカーのサイレン。従業員が異変を察知して一一〇番通報したのだろう。熊谷たちは警察に引っ張られ、事情を聞かれたが、後難を恐れた社長が「何もなかった」の一点張りで、事件にならないですんだ。

あるいは電話口で「取立に来たら猟銃をブッ放してやる」と啖呵を切った工務店の社長は、自宅に乗り込んで外へ引きずり出し、オトシマエをつけたこともある。

「ＷＩＮ－ＷＩＮ《ウィン－ウィン》」（お互いが得する）を信条とする熊谷の基本は話し合いだ。納得して支払わせれば相手に遺恨が残らない。だから何度でも話し合い、論争する。話し合いが九十回になった相手もいる。ここまでやるのは、相手を納得させようとすることだけでなく、依頼者に対して、ここまで頑張ったという誠意のあらわれでもあった。たとえ取立がうまくいかなくても、熊谷の努力に感謝する。だが、「ＷＩＮ－ＷＩＮ」を信条としつつも、熊谷の体内にはヤクザの血が流れている。相手の出方が理不尽だと思えば、窓からロープで吊しもすれば袋叩きにもするのだった。

第六章

分《ぶん》を知る

虎の威を借りる不良業者

その日も、いつもと変わらぬ日常があった。

昼前、馴染みの喫茶店でコーヒーを飲みながら新聞に目を通していると、

「クマちゃん、頭にくるよ」

と言って、知り合いの商店主が入ってきた。

「どうしたんですか」

「今朝、家の前にクルマを停めといたら当て逃げされてさ。青い塗料がついていて、擦《かす》った高さから見てトラックだと思ったから、ほら、駅向こうの工事現場、あそこに行ったんですよ」

駅向こうで大規模再開発が行われていて、トラックが頻繁に出入りしていた。商店主の抗議に現場監督が調べてくれ、一人が認めて管理事務所の前までやって来ると、

「これでもうなしにしようぜ」

と言って五万円を地面に投げた。ムッとはしたが、修理のことを考え、それを拾って持ち帰ったものの、どう考えても理不尽だという思いが込み上げ、熊谷に相談したというわけである。

確かに運転手の態度はよくない。名の通った大手建設業者がそんなことをするのかという義憤もあった。地元の〝陳情〟を受けて動くのは政治家もヤクザも同じだった。

「じゃ、私が話をしてみましょう」

と深く考えることもなく引き受け、管理事務所に出向くと、現場監督に会って抗議した。

「当て逃げをしておいて、お金を放り投げるなど非礼きわまりないでしょう。近隣に迷惑をかけずに工事をするっていうのが優先順位じゃないですか。S建設としては、そういう出入り業者にどう対処するのか。ちゃんとした答えを出してほしい」

そう言い置いて席を立った。熊谷は事を荒立てるつもりはなく、業者に何らかのペナルティを与え、慰謝料ということでいくらか商店主に払ってくれればいいと思っていた。

翌朝、トラック運転手を雇っている社長から電話がかかってきて、熊谷に会いたいと言ってきた。大井町駅前にある阪急ホテル二階のラウンジで社長と向かい会った。太っていて、ちょっと癖のある人間に見えたが、土建関係の仕事を切り盛りしていれば、押しも強くなるのだろう。

「監督から聞きました。近隣の人に対して失礼があったことに関しては、本当に申しわけなく思っています」

と詫びてから、

「失礼ですけど、その筋の方ですよね」

ときいてきた。

「そうです」

「地元の方ですか？」

「ええ」

「じゃ、西山さんのところですね。私も見舞金を考えているので、それで今回のことは終らせていただけませんか」

「いいでしょう。直接、本人に渡してください」

「わかりました」

これで一件落着した、と熊谷が思ったところが、社長のそのあとの一言で話がこじれる。

「実は、私も西山組を知らないわけじゃないんですよ。だけど上を通して話しちゃうと、熊谷さんの立ち場もいろいろとややこしくなるんじゃないかと思いましてねぇ」

熊谷の顔が険しくなる。トラックの運転手がなぜ横柄な態度をとったか、熊谷は理解した。〝虎の威〟を借りる連中はいくらでもいる。自分は身体を懸けることなく相手を恫喝する。こういう人間を若い熊谷は許せなかった。上の人間だろうが何だろうが、やるならやってみろ。そっちがそうなら、俺だって黙っちゃいない。

「わかった。好きにしてくれ。いまの話なかったことにしよう」

商店主から預かっていた五万円を突き返して席を蹴った。ケジメをつけなければ熊谷の器量が問われる。事態は思わぬ方向へ転がり始めた。

攻める先は大手建設企業

翌日、熊谷は管理事務所に行った。攻めるならS建設だ。末端業者を相手したのでは話がこじれるだけで、場合によっては〝痛み分け〟に持ち込まれることがある。相手をネジ伏せるには、相手の上位者や上位組織にクレームをつけるのが掛け合いの鉄則だった。しかし、S建設が一介の駆け出しに耳を貸すだろうか。熊谷もこれだけのビッグカンパニーに掛け合うのは初めての経験だった。不安を呑みこんで、現場監督に会った。

業者社長とのやり取りを話してから、切り込んだ。

「私のような人間が言うのも難ですが、天下のＳ建設たるものが、あんな不良業者を指定業者にしていていいんですか。当て逃げして、被害者に金を放り投げて、そこの社長が稼業の人間のことを口にして押し切ろうとする。こんなことが許されますか。世間に知れたらどうするんですか。信用にかかわる大問題でしょう。不良業者がトラックを運転してここいらを走り回ったんじゃ、地元住民は不安でしょうがない。ああいう不良業者を切ることこそ、地元住民がいちばん望むことじゃないんですか」

監督も思うところがあるのだろう。うなずきながら聞いていた。

翌朝、現場監督から電話があり、件《くだん》の業者は切ったと告げたが、熊谷にとってはここからが交渉だった。

「切ったのはいいけど、クルマの修理、どうしますか？　五万円は業者の社長に返していますからね。Ｓ建設が使っていた以上、お宅が解決しなきゃいけないんじゃないですか」

結局、現場監督は三百万円を用意した。当て逃げとはいえ、トラックが擦った程度の傷だ。この若いヤクザは喉に刺さった小骨のようなもので、さっさと手を引いてもらったほうがいいと判断したのだろう。

熊谷にしても悪い話ではない。五万円が三百万円になったのだ。当時、大卒の初任給が十四万円程度だから、現在の貨幣価値からすれば五百万円である。現場監督にしても、これで熊谷

が納得すると思っていたところが、

「ありがたい話だけど、これ、受け取るわけにいかないな」

「えッ」

目を剥いた。

「金じゃなく、私の関係者に仕事をおろしてもらえませんか。もちろんカタギできちんとした業者です」

当初は金で解決するつもりだったが、交渉しているうちに熊谷の考えが変わった。債権取立よりみかじめ料を重視したように、目先の利益ではなく、稼業として安定収入を図るチャンスだと読んだのだった。

実はこの前年、熊谷はグループの経済基盤を確立するため、香港から高級ブランド時計のレプリカ商品を日本に持ち込んで販売している。本物に限りなく似せた精巧なレプリカで、ケースまで付けて日本に持ち込んだのは、関東地域ではおそらく熊谷が最初だったろう。

レプリカ時計の日本持ち込みを思いつくキッカケは、香港で現地のマフィアと路上でケンカしたことだった。熊谷は債権取立に絡む恐喝事件で逮捕され、東京拘置所に拘留されていたのだが、執行猶予がついたことから、かねて興味を持っていた香港へ旅行することを思い立つ。

返還前の香港は「東洋の魔窟」と呼ばれた九龍城砦があるなど、一種独特の雰囲気を持っていて、それに惹かれたのだった。

トラブルは市街見物をしながら歩いているときに起こった。チンピラ風の男が高級ブランドのニセ時計を売ろうとしつこくつきまとってきたので、熊谷が頭にきてぶっ飛ばしたところが、急報を受けて仲間の香港マフィアたちが駆けつけてきたのである。命を落とすかという危機のなかで、パトロール中の警察官が制止。これが縁で彼らと仲よくなり、米軍機を使用してレプリカ時計を日本に持ち込むことになる。経済基盤の確立が目的ではあったが、熊谷の〝稼業の美学〟から元《もと》（卸値）をうんと安くしたため採算が合わず、そのうちやめてしまう。

熊谷とビジネスの関わりは、それから数年後に、もう一度だけある。熊谷組を創設する前年、香港・中国人脈を活かして北京に飛び、当時、日本で大ブームだった毛生え薬『章光一〇一』の輸入販売を思いつく。北京の工場で『章光一〇一』を六百本ほど仕入れ、香港で三本入り用の化粧箱をつくらせた。元《もと》（卸値）は一本七千五百円とした。六百本を一括して買いたいという客がいたので、いくらで売るつもりなのか尋ねると、

「一万五千円です」

こともなげに仕入れ値の倍額を口にした。

（こいつ、汗も流さないで、右から左にさばくだけで荒稼ぎするのか）

怒りが込み上げてきた。

「売らないことにした」

と言い放ったのである。

自分が何に憤っているのか熊谷自身、よくわからなかった。客を帰したあとで自問する。

（客がいくらで売るのなら自分は納得するのか？　九千円か？　一万円か？　納得する根拠は何なんだ？）

いったん卸してしまえば、それを業者がいくらで売ろうが関係ないことだ。小売値が高すぎるというなら、卸値を上げればいい。それで相手が仕入れるかどうかは相手の問題なのだ。商売がこうして成り立っているのであれば、自分は向いていないと熊谷はさとるのだった。

こうした性分で、しかも組織を維持発展させるには安定したシノギの確立が不可欠と考える熊谷は、三百万円という大金を前に生唾を飲む思いで、「仕事をおろしてくれ」と言ったのである。

「そういう話であれば、私の一存というわけにはいきませんので、本社にきいてみないと」

現場監督は言葉を濁した。現在ほどコンプライアンスにうるさくなかった当時であっても、ヤクザと関わりのある業者に仕事をおろすことに二の足を踏むのは当然だったろう。ましてクレームをつけてきた相手で、しかも一介の若い組員である。現場監督はそれっきり熊谷を無視した。電話をかけても訪ねても「不在」ということだった。

頭にきて、管理事務所に張りついてつかまえたところが、

「こういうことは現場で終わらせなければいけないいんですよ。本社に持っていく話じゃないんです。私としてはこれ以上のことはできないので、ご納得がいかないのだったら、それはそれでしょうがないですね」

三百万円で納得しないなら好きにしてくれという居直りだった。一度、突っぱねたものを「じゃ、三百万円で手を打とう」と言うわけにはいかない。ここまでくればオール・オア・ナッシングだ。相手が音を上げるまで攻め続ける腹を固めたが、果たして自分の力がS建設に通用するのだろうか。不安は依然、熊谷の胸に張りついていた。

ついに行政を動かせた

知り合いの右翼に依頼し、街宣をかけてみた。S建設は黙殺した。引っ張り出すにはどうすればいいか。アキレス腱はどこか。考えた末、工事の許認可権を握る行政であることに気がついた。狙いは工事の差し止めだった。これができればS建設は音を上げる。では、行政を動か

すにはどうしたらいいか。住民である。住民の請願を行政は無視することはできないはずだと考えた。相手をネジ伏せるには、相手の上位者や上位組織にクレームをつけるという掛け合いの鉄則にしたがい、熊谷はこれまでの経緯を簡便なチラシにすると、地元で署名運動を展開したのだった。署名が百人を超え、百十二人になったところで区役所に乗り込んだ。

威勢はよかったが、内心で不安は引きずっている。二十代の若さ、パンチパーマで人相風体もよくない。

役所が忌避するタイプであることは自分でわかっているだけに、話を聞いてくれるかどうか自信がなかった。

門前払いにされ、居直って警察を呼ばれれば即刻アウトになってしまう。コワモテで凄むのであれば簡単だが、説き伏せ、請願を受理させせなければならない。

熊谷はこれまでの経緯を説明し、当て逃げ事件に対してS建設は責任を逃れようとしていること、事件に対して具体的な防止策を何も講じていないこと、S建設に対する不信感から住民の生活が脅かされていること、このままでは住民の工事反対運動が広がって社会問題になる――。そんな説明をするが、責任者の態度は煮え切らなかった。

そこで、熊谷は言った。

「工事現場の近隣に住む住民の方々が百人以上、工事の差し止めを求めているんですよ。これを無視して、S建設の肩を持つ理由を教えてください。まさかと思いますが、S建設と行政との癒着はないんでしょうね」

最後の一言で責任者は色をなした。この男のやることだ。このまま突っぱねていると騒ぎがさらに大きくなって、とばっちりがくるかもしれない。行政は矛先が自分に向かうことを本能的に避けようとする。熊谷は責任者の顔色が微妙に変化するのを見逃さなかった。

「工事を強行してあらぬ疑念を持たれるより、工事を一時中断して住民の声を聞くというのが、行政のあるべき姿じゃないですか」

結果、〝瓢箪から駒〟が出た。区サイドは工事を一時差し止めたのである。

泡を食ったのはS建設だった。工事が一日中断するだけで莫大な費用が吹っ飛ぶ。

――熊谷さん、社の上層部がお目にかかりたいと申しております。本社までご足労願えませんでしょうか。

現場監督がメッセンジャーとなって電話をかけてきたのである。

出向くと、専務が応対に出たので熊谷は言った。

「申しわけないけど、それなりの決断を下せる人を出してくれませんか」

一蹴して帰る。工事は一時差し止めになっている。熊谷はハードルを上げた。

——明日、お時間が取れませんでしょうか。副社長がお目にかからせていただきます。

専務からの電話に、

「取れますよ」

熊谷は気負うことなく言った。

六百万円の和解金を蹴る

本社最上階の応接室で副社長と会った。さすが大企業のS建設だけあって、広くて立派な部屋だった。熊谷がソファに腰を沈める。磨き込まれたテーブルの上に袱紗《ふくさ》の包みが置いてあった。

「熊谷さん、細かいことはなしにして、これで終らせてください」

副社長は挨拶抜きで、袱紗から現金の束を出した。帯封の束が六個、六百万円だった。現場監督を通じて持ってきたのが三百万円だったから、倍にしたということか。ピン札の束が天井の蛍光灯を反射して光って見えた。

「申しわけないけど、金銭じゃなく、やはり仕事を出す方向で考えてもらえませんか？」

もう一押しする。

「そ、それはちょっと……。時間が欲しいですね」

「社長と話をさせてもらえますか」

駆け引きは神経戦だった。

「そのことも含めて後日、お返事をさせていただきます」

副社長は額に汗を滲ませて言った。

「わかりました」

立ち上がった。長びいて困るのは、建設が一時ストップしているS建設なのだ。熊谷が悠然とした足取りで部屋を出て行った。


それから三日間、S建設から何の音沙汰もない。工事現場でトラックの動きが慌ただしくなっていると舎弟から報告がくる。工事再開に向け、S建設が水面下で動いているということか。再開になれば熊谷に打つ手はない。三百万円を蹴り、六百万円を突っ返した熊谷に得るものは何もなかった。

このまま尻尾を巻けば建設業界はもちろん、稼業の世界で笑い者になってしまう。熊谷は腹をくった。

決行は翌日の夕方と決めた。長い懲役になるだろうが、これは稼業の宿命でもある。

一本のポケベルが熊谷の運につながる

そして、当日の昼。

ポケベルが鳴った。事務所からだった。

「いま思えば」

と熊谷が振り返る。

「事務所に電話したら、用事があるからすぐ来てくれと言われた。債権取立のことで、処理に何だかんだで夕方までかかった。これが私の運だったのかもしれない。決行を一日延ばした翌日の昼過ぎ、またしてもポケベルがピーピー鳴った。無視しようかと思ったけど、何かあったら困るので事務所に電話した」

当番が出て、西山組長（のち十代目碑文谷一家総長）に代わった。

――クマ、おまえS建設を攻めてるのか？

「攻めてます」

――いま石井理事長から電話で〝熊谷ってのはいるか？〟と言ってきた。

「理事長が、ですか？」

熊谷が身体を固くした。石井隆匡理事長は当時、稲川会のナンバー2である。口をきくことはもちろん、実際に顔を見る機会もない。雑誌のヤクザ記事で写真を見る程度で、熊谷にとっては雲上人だった。

——ああ。ウチにいます、と言ったら〝S建設をあれしているから、すぐやめさせろ〟って。おまえ、いますぐ事務所に来い。

急いで事務所に顔を出すと、

「理事長がやめさせろと言ってるんだ。〝わかりました〟と返事したんだから、おまえ、もう攻めるな」

熊谷の返事は「はい」の一語しかなかった。

あの六百万円をもらっておけばよかったと、熊谷は思った。目の前に出されたとき、喉から手が出るほど欲しかった。組に上納するシノギは頑張ってはいたが、経費もかかるし、舎弟たちの面倒もみなくてはならない。フトコロはいつもピーピーしていた。六百万円あればグループは楽になるとわかっていながら、蹴飛ばして帰ったら、親分から電話で〝待った〟がかかったのである。

運がないな、と熊谷は落胆する。だが、二日続けてポケベルが鳴ったことは、熊谷の運であった。決行していたら人生は間違いなく変わっていただろう。

さらに数日後、西山組長が言った。

「明日の定例会におまえを連れて来いって、いま石井理事長から連絡があった。背広にネクタイだぞ」

念を押された。

（理事長に呼びつけられる……）

熊谷は不安に襲われた。

石井隆匡理事長と稲川裕紘本部長

当時、稲川会の定例会は、第三水曜日に熱海の本部で開かれていた。出席は組長クラスに限られ、お供を連れてはいけないことになっていた。伊豆に向かう「踊り子号」が途中駅に停まるたびに親分たちが乗り込んでくる。

「ずいぶん若い組長がいるな」

熊谷を見て、ある親分が言う。

「理事長に連れて来いって言われたんですよ」

と西山組長が応じる。

熱海が近づくにつれて熊谷の不安はさらに募っていった。

本部に着くと、熊谷は西山組長に連れられ、石井理事長に対面した。

「理事長、こいつが熊谷です」

「このたびはいろいろとご迷惑をおかけして、申しわけありませんでした」

正座した熊谷が深々と頭を下げる。何がどう迷惑をかけたのか見当もつかなかったが、そう言うしかない。

理事長が口を開いた。

「おまえな、これから建設業界もうるさくなるから気をつけろよ」

「はッ」

「ところで、おまえ、S建設が六百万を出したのに受け取らなかったそうだな。何をしたかったんだ?」

と問いかけた。どうやら理事長は、六百万円もの大金を蹴った末端組員に興味を覚えて呼びつけたようだ。

「仕事をもらいたかったんです」

「仕事? そうか、仕事か。でもそれはな、やっぱりS建設の立ち場があるから、こればっかりは諦めろ。俺なりに考えるから」

と言った。

叱責ではない。「俺なりに考える」というのは言葉のアヤとしても、あえてそういう言葉を口にしたのは、熊谷という若者を一定評価したあらわれと見ていいだろう。実業界でも名を馳せた石井理事長は「経済ヤクザ」と呼ばれた。目先の金でなく、仕事による安定収入を図ろうとした熊谷の〝経営感覚〟を見抜いていたのかもしれない。

このとき石井理事長は、なぜS建設の攻撃を中止させたのか理由を言わなかったが、S建設とつき合いのあった〝代紋違い〟の広域組織重鎮に依頼されてのことであったことを、熊谷は後年になって知る。

西山組長にうながされ、熊谷が辞するため礼を述べて頭を下げたとき、右目の端に鋭い眼光をとらえた。これまで緊張感から周囲に目をやる余裕がなく、誰がこの部屋に座っているのかもわかっていなかった。

下げた頭を起こしながらチラリと右手を見やる。

目が合った。

稲川会本部長になったばかりの稲川裕紘がじっと見ていた。

裕紘本部長を実際に見るのは初めてだった。雑誌のヤクザ記事で顔は知っている。稲川聖城会長の実子で、いずれ稲川会を背負って立つ人物であることも承知している。だがそれは記事を読んで知っているだけで、ヤクザにくわしい読者と何ら変わらなかった。口をきくこともなく、目礼して熊谷は退がった。

裕紘本部長はこのとき、西山組に熊谷という六百万円を蹴って仕事を取ろうとした若者がいることを脳裡に刻んだのではなかったか。以後、熊谷は裕紘と顔を合わせることはない。裕紘が三代目稲川会会長となってのち、接点すらなかった熊谷に目をかけ、三十代で直参に取り立てるのは、このときのたった一度の出会いで人物を見抜いていたからということになるだろう。

二十五歳で所帯を持つ意味

S建設の一件は目論見どおりにはいかなかったが、石井理事長まで乗り出したことで、自信をつけた。一介の若造であっても、根性を決めて噛みつけば大企業ですら折れてくる。いずれ組を持ち、組織として行動すれば、活躍の舞台は無限の広がりがあると意を強くするのだった。

S建設を攻めてしばらくして、熊谷は二十五歳で所帯を持つ。高校を退学になる前後、十七歳のときからつき合っていた女性で、顔を会わすたびに足を洗うよう懇願していたことはすでに記したとおりだ。

三十歳まで稼業を続ける決心をしたとき、「二度と足を洗う話はしないでくれ」と、彼女に厳しい口調で告げた。それで彼女が去るならかまわない。男として人生にどう挑んでいくか、若い熊谷はそのことばかりを考えていた。

だが、彼女は去らなかった。愛に目覚めて結婚を考えたわけではないし、そんな彼女がいじらしくなったわけでもない。身体を懸け、命と引き替えるようにして稼業に生きる熊谷は、情に篤くとも、それに流されるほどやわではない。

地元で右翼活動をやっていた先輩の忠告が引き金だった。

「クマ、所帯を持てよ。おまえは傷害だ、暴行だ、脅迫だ、監禁だって、しょっちゅう引っ張られているだろう。その性格じゃ〝懲役太郎〟になってしまって出世できなくなる。だから所帯を持て。同棲でもいい。そうすればブレーキがかかる」

このときは言葉を濁したが、彼女の気持ちもわかっている。

「一緒に住まないか」

という言葉が口をついていたのだった。

手土産を持って彼女の家を訪ねた。

「お嬢さんといっしょに暮らしたいと思っているんですが、その許可をいただきに参りました」

と、熊谷は単刀直入にお願いした。両親は、熊谷と長年に渡って交際していることを娘の口から聞いているが、何者であるかは、さすがに彼女も説明できなかったのだろう。

「それで熊谷君、キミは何の仕事をしているのかね？」

父親が尋ねた。

「西山組にいます」

隠さず言った。

父親は沈黙したまま、せわしなくタバコを吹かしてから、

「わかりました。だったら、同棲といった中途半端なことをしないで、籍を入れたらどうですか」

と言った。

「そうします」

熊谷が頭を下げると、母親が、

「その前に結婚式をあげないと」

と言い出したのである。一人娘であり、世間や親戚の手前もあるといったようなことを口にした。結婚式はともかく、披露宴をどうするか。熊谷に個人的な金はない。予想外の展開に、熊谷は戸惑うばかりだった。

妻の親が喜ぶ結婚式を挙げた

思い余った熊谷は、所帯を持つことを勧めた先輩を訪ねた。親に会った経緯を説明し、助言を求めると、笑い飛ばして、

「心配することないさ。稼業の人間に片っ端から声かけりゃいいんだ。ミエ張って祝儀をたくさん包んでくるさ。俺も声をかけてやる」

と言ってくれた。

稼業の世界は〝義理掛け〟といって葬式はしょっちゅうのことだが、招待客を集めて賑々《にぎにぎ》しく結婚式を挙げるなど、熊谷自身、聞いたことがなかったが、彼女の両親の手前、あとに引くことはできない。ヤクザであるという引け目が熊谷を駆り立てたのだった。

どうせやるなら思い切ってやる。結婚式場として都内で知られたN閣の七階ワンフロアを借りきった。ムード歌謡の人気歌手であるMを呼んで、持ち歌のヒット曲を何曲か歌ってもらった。Mとは個人的なつき合いがあり、ノーギャラで〝友情出演〟してくれた。

なぜ、ここまで派手な披露宴をやらなければならなかったのか。

熊谷が語る。

「彼女のためにやったんじゃない。彼女の両親のためにやったんです。隠れるようにして結婚したら、両親は親戚から必ず陰口を叩かれる。〝ヤクザもんに嫁に出した〟〝だから披露宴に呼ばなかったんだ〟ってね。親としてはいたたまれないでしょう。そんな目に遭わせたくなかった。

だから名の通ったN閣のワンフロアを借り切り、Mさんにも出演をお願いしてから彼女に言った。〝親戚全部を呼んで欲しい〟と。入れ替わり立ち替わりMさんと記念写真を撮っている。料理もいちばん値段の高いものにしたし、引き出物も奮発した。彼女の親戚の人たちは言いましたよ。〝××ちゃんは、いい人と結婚したね〟ってね。人間て、そんなもんじゃないですか?」

熊谷の結婚式は組事務所で酷評された。西山組長夫妻は招待して来てもらったが、組員は一人として声をかけなかった。「呼ばなければまずいんじゃないか」といった世間的な気遣いは熊谷の好まざるところだった。職場は職場、プライベートはプライベートと割り切る。先輩たちと意気投合して組を結成したのではなく、組に入ったらたまたまそこにいたというだけの関係である。呼ぶ理由がないから呼ばない。それだけのことだったが、日本人的な〝村社会〟の人間関係からすれば、

「なんだ、あいつ」

ということになる。

「ヤクザが結婚式？　笑わすんじゃねぇよ」

「おまえ、ヤクザやる気あるのか」

事務所で批判されると、熊谷は先輩相手に丁重な口のきき方で言い返す。

「ヤクザが結婚式挙げちゃいけないんですか？　そういう規律があるんですか？」

怒鳴りつける先輩はいない。上意下達の稼業では珍しいことだった。熊谷に絡むと、理路整然と反論してきて絶対に引かない。怒鳴りつければ、それを楯に押し込まれる。

「おまえ、変わってるな」

と捨てゼリフを吐くばかりだった。

披露宴の収支はトントンで、オプションのビデオ撮影の十万円だけが持ち出しだった。一生の記念にと注文したものだが、人生の曲折を経て離婚し、のち再婚する。

恩師との再会

三十歳をデッドラインに設定した熊谷は、全力投球で稼業に邁進していた。

一九八九年、二十八歳で一家名乗りを許される。稲川会碑文谷一家西山組内熊谷組。一国一城の主である。人生の節目とした三十歳より二年早く、ヤクザとして結果を出したことになる。縄張内のみかじめ料に力を入れる一方、債権取立の依頼を受けて全国を飛び回っていた。

そんなある日のことだった。熊谷は秘書を連れて東京駅で新幹線を待っていた。債権取立をめぐって、関東G県に本拠地を置く大手組織三次団体とぶつかり、熊谷は掛け合いのため何度か足を運んでいた。相手が人数をそろえて殺気立っているときはあえて二人で乗り込み、益のないケンカを避けつつ実《じつ》を取ろうというわけだ。リスキーで度胸勝負の掛け合いでもある。

背後の売店から聞き覚えのある声が耳に飛び込んできた。見やると、後ろ姿が世田谷学園高校で世話になった空手部顧問のS先生によく似ていたが、退学になって十二、三年になる。人違いかもしれない。

「おい、あの人のところへ行って〝S先生ですか〟ときいてこい」

と命じた。

秘書に声をかけられて、男性がうなずくのがわかった。振り向いて、熊谷を見た顔に喜色が走った。

「熊谷か!」

「ご無沙汰しております」

歩み寄って行った。

「おまえ、元気そうだな。いくつになった」

「まもなく三十です」

「そうか、いい大人になったな。どこへ行くんだ」

「G県まで。先生は？」

「仙台だ。ちょっと会議があってな」

隣に立つ若い教師らしき男性を見ながら言って、

「同じ新幹線かな？」

「そのようですね」

「何号車だ？」

「先生は？」

「自由席だ」

「私もそうです」

秘書が「グリーン車ですよ」と言いかけるのをさえぎって、

「並びましょうか」

と白い歯を見せて言った。

「その前に缶ビールだ。キミ、ちょっと行って買ってきてくれたまえ」

若い教師に言うと、

「先生、このあと会議ですよ」

「いいんだ。教え子と十数年ぶりに乗り合わせたんだ。おまえはそんなこと言ってるからだめなんだ」

車中で二人は乾杯した。

「で、熊谷、いま何してるんだ？」

「実は先生、大きな声で言える職業じゃないんですけど、ヤクザやってます」

「そうか」

一瞬の沈黙があって、

「なった以上、おまえ、てっぺんまで行けよ」

熊谷は静かに頭を下げた。修学旅行で他校の生徒たちに観光バスを取り囲まれた光景がフラッシュバックした。


――熊谷、俺に続け。

ブレザーを脱ぎ捨てたS先生が声を押し殺して言う。

――えッ！　俺かよ！

驚嘆して、口から心臓が飛び出しそうな自分がいる。

そして、〝黒い軍団〟を率いる生徒が配下たちに叫ぶ。

――みんな、開けたらんかい！

軍団が整然と真っ二つに割れ、バスの通り道をつくる。「モーゼの奇跡」に唖然と立ちつくす自分の姿……。

熊谷はそこに自分の将来の姿を重ねるのだった。

襟を正す

日本経済がバブルと呼ばれる好景気に入るのは、景気動向指数では一九八六年となる。稲川会ナンバー2として、稲川聖城会長を支えていた石井隆匡が二代目を継承するのは、その前年のことだった。実業界に隠然たる力を持ち、「経済ヤクザ」と称された石井会長の牽引で稲川会は五千人を超える組員を擁し、勢力を膨張させていく。そして五年後の一九九〇年、稲川裕紘が三代目会長を継承。この翌年、バブル崩壊により日本は長い不況の時代を迎えることになる。ヤクザにとって〝冬の時代〟の始まりだった。

熊谷が稲川会最年少記録となる専務理事に抜擢されるのは、熊谷組を発足させて四年後の三十二歳だった。

以後、熊谷は碑文谷一家武蔵小山貸元、稲川会直参、会長付秘書、本部長補佐と出世階段を駆け上り、ヒラに降格となってのち五代目稲川会・清田次郎会長の下で理事長付きとして再び登用され、二〇一八年四月、理事長補佐として執行部入りするのはすでに記した通りである。


熊谷は毎朝、四時半に起きて一時間のウォーキングをし、そのあと風呂でじっくりと半身浴をする。ヒラに降格になったときから、これを毎朝のルーチンにした。半身浴をしながら、昨日のこと、今日のこと、そしていま自分が取り組まなければならないことについてじっくりと考えをめぐらせる。縁あって預かるこの組織をいささかも傷つけることなく、磨き上げて次の者に手渡していくことができるか。総長という組織の絶対権力者が垣間見せる重圧である。

ヤクザ社会を取り巻く経済環境と当局の強硬な姿勢に加え、国民のヤクザを見る目が確実に変わりつつある。このことを、熊谷の鋭敏な時代感覚は危機意識をもって察知している。ヤクザも変わっていかなければならない。任侠道と稼業との整合性が、これまで以上に求められることになるだろう。そして稼業のあり方を問うことは、それぞれの立場においてどう処するべきかを自分に問いかけることでもある。

熊谷は私生活を徹底して律する。直参になって以後、盛り場には足を向けなくなった。これまで盛り場を肩で風切って歩いて許されたのは、ヤクザの生き方と矜持を世間が認めていたからであって、任侠道を置き忘れた稼業と処し方は必ずや国民の反発を招くだろう。酔って醜態をさらすなど論外である。国民の権利意識の向上、そして多様性と平等性という時代にあって、ヤクザも社会の一員として襟を正すべきところは正してこそ世間に認知されるというのが、熊谷の考え方であった。

ヤクザを称して「稼業の人間」と呼ぶ。

稼業の本来の意味は、辞書によれば、「生計を維持するための職業」とある。だから意に染まない仕事であろうとも不満を飲み込み、ビジネスマンであれば今日を満員電車に揺られ、商売人であるなら得意先に笑顔を見せる。だが、ヤクザが「稼業」という言葉を口にするときは、「生計を維持するための職業」ではなく、「生き方」のことを言う。

熊谷は言う。

「ヤクザとして生きるためにシノギすることと、シノギをするためにヤクザでいることとは、まるっきり意味が違う。生きるために稼ぐことはもちろん大事としても、稼ぐことだけが目的ならもっとほかに仕事はあるし、このことはヤクザに限らない。たとえば教師は生徒に勉強を教え、結果としてそれでメシを食うのであって、メシを食うために教えているとしたら、それはもはや教師とは呼べないでしょう。シノギする手段として、メシを食う手段としてそうしているのであれば、ヤクザである必要も、教師である必要もない」

ビジネスマンも同じではないか、と熊谷は言うのだ。生きるためのエサを漁るのであれば犬や猫と同じだ。

生活のために働くのは現実であるとしても、仕事に矜持《プライド》を持ち、仕事を生き方に昇華させて初めて「稼業」になる。「反社会的勢力」と批難され、身体を懸けてなおヤクザがヤクザであり続けるのは、まさに彼らの仕事《シノギ》が矜持に裏打ちされた「稼業」であり、生き方であることを、熊谷の足跡と生き方に見るのだ。

エピローグ

叱る立ち場でいる意味を考える

インタビューは毎回、午後三時ころから始まった。気持ちが弛緩しないように私は何も食べないで臨む。週刊誌記者時代から現在まで、これは一貫している。総長のイタンビューは午後なので当然、昼食は抜きである。

このことを雑談のなかでするると、熊谷総長が驚いて

「実は、私もなんですよ」

と言った。

理由も同じだった。質問にきちんと答えるのが自分の責務――そんな言い方をした。早朝のウォーキングも、午後から眠気が差すといけないので、インタビューのある日は早めに切り上げるのだという。三十時間におよぶインタビューの最中、総長はさかんに「責務」という言葉

を口にしたが、順風と逆風とを問わず、熊谷イズムは「責務」という言葉に収斂《しゅうれん》されると、このとき思ったものだった。

言葉を変えれば、「自分を律する」ということになる。

ヤクザ社会は、親分を頂点とするピラミッド型だ。その頂点に、親分が絶対権力者として君臨し、組織を意のままに動かすことができる。

「だからこそ」

と、熊谷総長は言う。

「碑文谷一家においては、私が規律もルールも全部つくることができます。私を叱責する者は一人もいませんし、私の判断が間違っていても、それを正す者もいません。私は羅針盤を持たないで軍艦を操船する船長のようなものです。だからこそ感情に流されるのではなく、理屈に合っているか、筋が通っているか、それによって誰が得をし、誰が不利益を蒙るか、その影響はどこまでおよぶのかといったことを冷静に判断しなくてはならない。感情を殺すには、自分に厳しくするしかないんじゃないですか」

この熊谷イズムには〝目からうろこ〟の価値観がひそんでいる。たとえば人の悪口について、こんな言い方をする。

「人生は〝椅子取りゲーム〟ですから、他人のことが気になるのは当然です。だから悪口を言って蹴落としたり足を引っ張ったりする。悪口は楽しいですね。ある代紋頭《がしら》（親分）が一杯やりながら、〝碑文谷よォ、人の悪口は酒の肴に最高だな〟と皮肉を言ったことがありますが、そのとおりだと思う。

だけど、私は若い衆によく言うんです。人の悪口を言う暇があるなら、なぜ自分を磨くことを考えないのか、ってね。人のことをとやかく言ったところで、自分が飛躍するわけじゃない。飛躍どころか、悪口をいつも言っている人間は蔑まれるだけです。そんなトップに誰もついていきたくない。ということは、トップになってブツクサ言っていると、人はついて来ないということになる」

ヤクザは「悪」か「必要悪」か、熊谷総長の言うように「必要事」かはそれぞれ立場によって見解はあるだろうし、これらのすべてを包含しているとも言える。

だが、視点を変え、組織トップの処し方、組織内での浮沈における処し方ということから見ると、多くの示唆に富む。法律のおよばないヤクザ社会は何でもありだが、何でもありということは結局、人間関係が大きくものを言うことでもある。順風も逆風も、目いっぱい帆に受けてきた熊谷総長の「人間観」は核心をつく。

「教育的なものを含まない叱責はまったく意味がない。傘下の組長にこのことはよく話します。親分にガツンと言われれば組員は直立不動で謝る。組員は納得していると思いますか？　反省していますか？　納得も反省もしていない。怒られたから謝っただけ。だから失敗を繰り返す。〝何度、言ったらわかるんだ！〟と、親分はまた怒るが、これは叱り方が悪いだけ。なぜ叱責されたか、どうすれば二度とそれを繰り返さないかを教えてやらない親分が悪い。怒ることと指導は違う」

そして、叱る立場でいる意味を考えろという次の言葉は、すべてのトップ、役職者にとって納得がいくのではないだろうか。

「組長や幹部に言うんです。ヒラの組員は、努力が足りないか、何かそれなりの原因と理由があるから、その立場いる。おまえたちが叱らなくてすむ人間であるなら、彼らはおまえたちと同等の立場になっているぞ、とね」

熊谷総長のリアリストの目であり、リアリストは本質を衝くのだ。

向谷匡史

むかいだに・ただし

一九五〇年、広島県呉市出身。

拓殖大学を卒業後、週刊誌記者などを経て作家に。

浄土真宗本願寺派僧侶。日本空手道「昇空館」館長。保護司。

主な著作に『田中角栄「情」の会話術』(双葉社)、

『ヤクザ式最後に勝つ「危機回避術」』(光文社)、『安藤昇90歳の遺言』(徳間書店)、

『子どもが自慢したいパパになる最強の「お父さん道」』(新泉社)、

『小泉進次郎「先手を取る」極意』、『太陽と呼ばれた男　石原裕次郎と男たちの帆走』

『田中角栄の流儀』(青志社)など多数ある。

[向谷匡史ホームページ] http://www.mukaidani.jp

熊谷正敏　稼業　頭角の哲学

二〇一九年二月二十七日　第一刷発行

著者――向谷匡史

編集人・発行人――阿蘇品 蔵

発行所――株式会社青志社

〒一〇七-〇〇五二　東京都港区赤坂六-二-十四　レオ赤坂ビル四階

（編集・営業）

TEL：〇三-五五七四-八五一一　FAX：〇三-五五七四-八五一二

http://www.seishisha.co.jp/

本文組版――株式会社キャップス

印刷製本――株式会社新藤慶昌堂

ISBN 978-4-86590-079-8 C0095